象棋大师实战名局赏析 2024

刘锦祺 编著

化学工业出版社

·北京·

图书在版编目（CIP）数据

象棋大师实战名局赏析/刘锦祺编著．—北京：化学工业出版社，2024.5
ISBN 978-7-122-45248-1

Ⅰ.①象… Ⅱ.①刘… Ⅲ.①中国象棋—对局（棋类运动）Ⅳ.①G891.2

中国国家版本馆CIP数据核字（2024）第055298号

责任编辑：杨松淼　　　　　　　　　　　　装帧设计：张　辉
责任校对：李露洁

出版发行：化学工业出版社（北京市东城区青年湖南街13号　邮政编码100011）
印　　装：大厂聚鑫印刷有限责任公司
710mm×1000mm　1/16　印张11¼　字数200千字　2024年4月北京第1版第1次印刷

购书咨询：010-64518888　　　　　　　　售后服务：010-64518899
网　　址：http：//www.cip.com.cn
凡购买本书，如有缺损质量问题，本社销售中心负责调换。

定　　价：59.80元　　　　　　　　　　　　　版权所有　违者必究

前　言

  2023年是象棋职业赛事中少有的"大年",这一年除了四年一届的全国智力运动会外,还有两年一届的世界象棋锦标赛。尤为可贺的是,在这一年中,象棋项目时隔15年重返亚运会的舞台。

  国际赛场上,中国棋手争金夺银,国内赛场上同样是风起云涌。作为中国历史最悠久、规格最高、门槛最高的象棋赛事之一,"五羊杯"于1981年在广州文化公园诞生,被业内誉为"中国象棋界第一品牌赛",只有全国冠军才可以参赛。赛事于2009年停办,这13年来,所有人都在盼望着"五羊杯"的回归。终于在2023年初,第30届"五羊杯"重归棋坛,引起业内的广泛关注。

  传统的杯赛如"上海杯"、"高新高港杯"青年大师赛、全国象棋青年赛、全国象棋少年赛、全国象棋中小学生锦标赛、全国象棋大学生赛、全国象棋特色校比赛、"一带一路"国际邀请赛、成都双人象棋赛、全国象棋业余棋王赛、全国女子业余棋王赛等大赛悉数登场,全国象棋锦标赛(团体)、全国象棋锦标赛(个人)、全国象棋甲级联赛等顶级大赛一如既往,为广大的职业棋手和业余棋手搭建了各种竞技舞台,各项赛事的参加棋手共计20多万人次。

  推陈出新,这是中国象棋协会近年来主要办赛方针,2023年又推出首届象棋女子国手赛和"仙人指路"杯象棋大师邀请赛两个赛事。女子国手赛的举办,极大地推动了女子象棋竞技水平的提高,有效促进象棋事业的全面发展。而"仙人指路"杯象棋大师邀请赛则是继"上涌杯"过宫炮棋王邀请赛后,又一个指定专项布局的赛事,对推动象棋竞技水平的提高有着深远的意义。

2023年各级地方赛事,共举办有600场比赛,各级参赛棋手达到10万人次,丰富了群众的业余文化生活,推动了象棋项目深入人心。

本书选取2023年度重大比赛中的45则精彩对局,逐一进行拆解和评述,力求从专业角度分析精彩对局中的战略战术设计、点睛之笔及胜负手,希望读者阅读书中的象棋特级大师以及象棋大师的对局后,在棋艺方面能够有所领悟。

由于力求让最新的精彩对决尽快与读者朋友们见面,部分赛事中的精彩对局无法全部收录,还望见谅。书中若有纰漏之处,欢迎广大读者批评指正。

刘锦祺

2024年4月

第 30 届"五羊杯"全国象棋冠军邀请赛

第 1 局　四川　郑惟桐　胜　湖北　汪洋……………………… 002

第 2 局　四川　郑惟桐　胜　上海　谢靖……………………… 006

全国象棋锦标赛（团体）

第 3 局　浙江　赵鑫鑫　胜　山东　李翰林…………………… 012

第 4 局　北京　王禹博　负　四川　许文章…………………… 015

第 5 局　浙江　唐思楠　胜　四川　郎祺琪…………………… 019

第三届"鹏城杯"全国象棋排位赛

第 6 局　湖北　曹岩磊　胜　湖北　汪洋……………………… 024

第 7 局　杭州　王天一　胜　河北　申鹏……………………… 027

第六届全国象棋青年大师精英赛

第 8 局　浙江　孙昕昊　胜　杭州　王文君…………………… 033

第 9 局　浙江　王宇航　胜　江苏　董毓男…………………… 036

"高新高港杯"第八届全国象棋青年大师赛

第 10 局　杭州　王天一　胜　江苏　孙逸阳 …………… 041

第 11 局　河南　何文哲　负　杭州　王天一 …………… 044

2023 年全国象棋甲级联赛

第 12 局　杭州　黄竹风　胜　深圳弈川　洪智 …………… 049

第 13 局　杭州　王天一　胜　浙江　赵鑫鑫 …………… 052

第 14 局　上海　孙勇征　胜　京冀联队　蒋川 …………… 054

第 15 局　深圳弈川　洪智　胜　杭州　赖理兄 …………… 057

第七届"吉视传媒·力旺杯"象棋全国冠军南北对抗赛

第 16 局　南方队　赵鑫鑫　胜　北方队　蒋川 …………… 062

第 17 局　北方队　洪智　胜　南方队　孙勇征 …………… 064

第九届"杨官璘杯"全国象棋公开赛

第 18 局　黑龙江　陶汉明　胜　四川　赵攀伟 …………… 069

第 19 局　广东　许国义　胜　江苏　王昊 …………… 072

第 20 局　河南　武俊强　胜　广东　许国义 …………… 075

第 21 局　河南　武俊强　胜　浙江　徐崇峰 …………… 078

首届全国象棋女子国手赛

第 22 局　广东　陈丽淳　胜　杭州　沈思凡 …………… 082

第 23 局　黑龙江 王琳娜 胜 浙江 唐思楠 ……………… 085

第十八届世界象棋锦标赛

第 24 局　中国 孟辰 胜 中国香港 黄学谦 ……………… 090
第 25 局　越南 赖理兄 和 中国 孟辰 ……………………… 093
第 26 局　中国 孟辰 胜 越南 赖理兄 ……………………… 098
第 27 局　中国 唐思楠 胜 越南 黎氏金鸾 ………………… 102

"谢侠逊棋王杯"象棋国际公开赛

第 28 局　上海 孙勇征 负 浙江 黄竹风 …………………… 106
第 29 局　广东 许国义 胜 四川 孟辰 ……………………… 108

全国象棋锦标赛（个人）

第 30 局　湖北 曹岩磊 负 成都 孟辰 ……………………… 113
第 31 局　黑龙江 聂铁文 负 杭州 王天一 ………………… 115
第 32 局　浙江 王宇航 负 浙江 赵鑫鑫 …………………… 118
第 33 局　杭州 王天一 胜 成都 孟辰 ……………………… 121
第 34 局　杭州 沈思凡 胜 云南 赵冠芳 …………………… 124
第 35 局　北京 刘欢 胜 广东 陈幸琳 ……………………… 128

第五届全国智力运动会象棋赛

第 36 局　四川 孟辰 负 湖北 汪洋 ………………………… 134

第 37 局　浙江 赵鑫鑫 负 河北 申鹏 ………………… 137
第 38 局　石油体协 张欣 负 四川 孟辰 ………………… 141
第 39 局　四川 梁妍婷 负 黑龙江 王琳娜 ……………… 145
第 40 局　湖北 左文静 胜 北京 刘欢 …………………… 148

第三届上海杯象棋大师公开赛

第 41 局　河北 陆伟韬 负 北京 蒋川 …………………… 153
第 42 局　上海 谢靖 胜 四川 李少庚 …………………… 156
第 43 局　四川 梁妍婷 胜 广东 陈幸琳 ………………… 160

"仙人指路杯"象棋大师邀请赛

第 44 局　河北 申鹏 负 山东 李翰林 …………………… 165
第 45 局　北京 蒋川 胜 四川 孟辰 ……………………… 168

第30届"五羊杯"全国象棋冠军邀请赛

第30届"五羊杯"全国象棋冠军邀请赛由中国象棋协会、羊城晚报社、广州市体育局、广州市荔湾区人民政府主办,荔湾区委宣传部、荔湾区文化广电旅游体育局、广州文化公园和广州东湖棋院(西关棋院)承办。

本届赛事云集了王天一、郑惟桐、赵鑫鑫、蒋川、汪洋、吕钦、陶汉明、徐天红等16位全国冠军。

最终郑惟桐获得冠军,洪智、吕钦、汪洋分获二到四名。

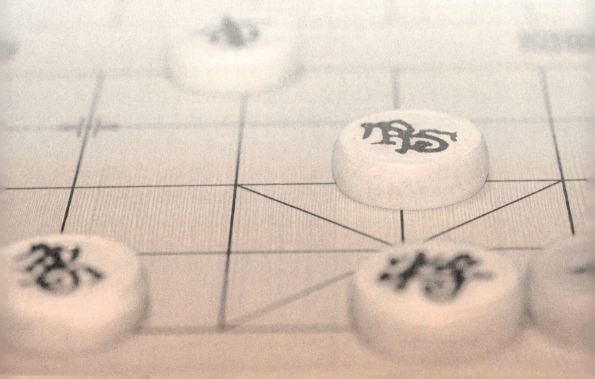

第1局　四川 郑惟桐 胜 湖北 汪洋

①兵七进一　卒 7 进 1　　②炮二平三

红方平炮瞄卒逼黑方立即表态，战法积极。如改走马八进七，则黑方马 8 进 7，双方将形成相对平稳的局势。

②……　　炮 8 平 5

架炮中攻，以便借先机顺利跳起左马，这样可相对削弱红兵底炮的威力，并伺机跃马河口配合中炮发动反击，是后手方最具对抗性的应着。

③马八进七　马 8 进 7　　④相七进五

另有相三进五的变着，但因不够协调，只是昙花一现而未能流行。

④……　　马 2 进 1

右马屯边求两翼子力平衡发展，是一种稳健的着法。

⑤车一进一

迅速出动右翼子力。在开局阶段尽量每个棋子只走动一次，这对提高开局的效率是非常重要的。当前局面下红方看似有很多种着法可以走，但其实能够保持高效灵活的选择并不多。首先，由于三路炮的存在，红马只能走马二进一，所以这着可以保留，并不是当前必须要先走的一着棋；其次，仕六进五这着是可以选择的方案，但是仕六进五以后，红方后续的应着是车九平六，出于这样的考虑，先不走仕六进五可保留左车的灵活出动方式，待黑方 2 路炮走动后，红方仍有车九平八的出动选择。因此，当前局面下红方车一进一是最为稳妥高效的出子方式。

⑤……　　　车9平8

⑥马二进一　　炮2平4

如图1所示，黑方平士角炮有意避开炮2平3后形成"对称"布局的情况。试举一例来分析：黑方如炮2平3，则车九平八，车1平2（显然车1进1后，红方横车可以优先选择占哪条肋线，黑方横车的选择受限），车一平六，车2进4，红方直横车的配合要比黑方双直车的配合更机动灵活，在这个棋形下，黑方双车都有尴

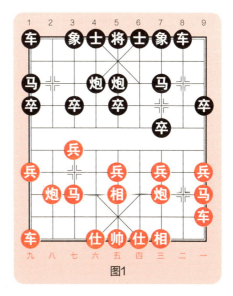

图1

尬之处，占据巡河线的2路车面临红方炮八平九抢兑窝车的威胁；最先出动的8路车没有好的落点可选——无论是车8进4、车8进6，其前景都不乐观。因此，黑方选择这着炮2平4收炮士角也是最稳健的选择。

⑦车九平八　　车1平2　　⑧车一平六　　士6进5

⑨车六进四

红方先进骑河车不给黑方车2进4的机会。

⑨……　　　车8进7

此时不难发现黑方可以走动的大子只有双车。选择先走动哪个车呢？如车2进6，则仕六进五，车8进4，炮八平九，车2进3，马七退八，炮5进4，马八进七，炮5退1，黑方虽多中卒，但是红方后续有兵三进一的冲击，红方稍好。

⑩炮三退一

红方顺势退炮，以后可以战略性支援左翼。

⑩……　　　车2进6　　⑪车六平三　　象7进9

⑫车三进一　　车8退3

退车灵活，黑方在红方右翼打不开局面，退车巡河以后可以卒3

进 1，转攻红方左翼。

⑬ 兵三进一　卒 3 进 1　　⑭ 马一进三　车 8 进 2

⑮ 兵七进一

正当大家以为红方要走马三进五的时候，郑特大出人意料地选择冲兵弃马。红方弃马的依据是什么呢？其实就是第 10 回合炮三退一这着棋。利用黑方中炮发不出来，3 路底象存在弱点，步步诱使黑方双车远离攻击点。

⑮ ……　　　车 8 平 7

思考再三，汪特大还是选择吃马，这也是当前局面下的最佳选择。黑方如果不吃马，改走车 2 平 3，则马三进五，车 3 进 1（如炮 5 进 3，兵五进一，车 3 进 1，车三进一，车 8 平 2，炮三进一，车 3 退 3，车八进一，红优），炮三进一，车 3 进 1，炮八平七，黑车被控制在下二路线，并且底线受攻，红方优势。

⑯ 炮三平七

这是弃马的后续手段。

⑯ ……　　　炮 4 平 3　　⑰ 马七进六　车 2 退 1

⑱ 炮七进六　车 2 平 4　　⑲ 炮八平七

此时，红方如急于打马而走炮七平三，则炮 5 进 4，仕六进五，车 7 平 6，炮八平七，车 4 平 3 捉双，黑方可以顺利把红方过河兵吃回，局势容易出现反复。先平炮好棋在于后炮既可借前炮的打马的闪击叫杀，又可以退炮守住底线，防守黑方大刀剜心的杀着。

⑲ ……　　　炮 5 进 4　　⑳ 仕六进五　车 4 进 3

黑方进车好棋，伏有车 4 平 5 杀仕的手段，双方顿时剑拔弩张。

㉑ 相三进一　车 7 平 8　　㉒ 相一退三　车 8 平 7

㉓ 相三进一　车 7 平 8　　㉔ 相一退三　车 8 进 3

㉕ 前炮平四

黑方连续叫杀，意图利用大刀剜心杀势取胜，红方此时平炮解杀还杀，化解黑方攻势。

㉕ ……　　　将 5 平 6

红方平肋炮后，有效化解黑方攻势。此时黑方如车4平5，则仕四进五，车8平7，红方可炮四退七防守，成功解杀；又如士5进6吃炮，则车三平五再车五退三吃掉中炮，红方同样是有惊无险。因此，黑方出将解杀是必走之着。临场汪洋特大选择出将又是一步反杀，红方似乎已经危机四伏。

㉖ 炮七退二

退炮守住底仕的同时，解放了八路车，这样红方八路车可以顺利投入到战斗中去。

㉖ ……　　车8平7

如图2所示，黑方吃底相贪攻心切，这里其实没有连杀，黑方的进攻速度要比红方落后一着棋。如果这里黑方计算清楚的话，应该走士5进6吃炮，以下车三进一，士4进5，黑方还可以抵抗。

㉗ 车八进三

电光火石之间，红方又准确地走出一步解杀的好棋。红方的防守方案非常值得初、中级爱好者借鉴。

㉗ ……　　车4平5

㉘ 帅五平六　车5退1　　㉙ 炮七进九

黑方暂时没有连杀手段，红方借机发起进攻。不得不赞叹郑特大精准的计算能力。

㉙ ……　　将6进1　　㉚ 车三进一　车7平6
㉛ 帅六进一　车6退1　　㉜ 帅六退一　车5平4
㉝ 帅六平五　马1退3　　㉞ 炮四平九　车4进1

双方拼时间、抢速度，形成近似于杀法排局的局面。

㉟ 车三进一　将6进1　　㊱ 车八进四　马3进5

㊲ 车八平五

红方抢先一步成杀,汪特大投子认负。

第 2 局　四川 郑惟桐 胜 上海 谢靖

① 兵七进一　炮 2 平 3　　② 炮二平五

双方形成仙人指路对卒底炮红方架中炮攻的经典阵势。红方炮二平五架中炮攻的走法已经成为职业棋手的流行"官着"下法。其实在早期,红方还有炮八平五的走法,黑方则顺势炮 8 平 5 以列手炮来应对。从双方的战略思想来看,红方架中炮显然是有力的,黑方卒底炮定形以后,只可用马 8 进 7 单马守护中路,这样就给了中炮施展的空间。但是红方摆哪个炮是值得研究的,当炮八平五,炮 8 平 5 后,棋手们发现红方挺起的七路兵不便于以后进车巡河进行策应,反而给黑方提供了反击目标。基于这样的考虑,棋手们经过反复实践,终于意识到炮二平五要比炮八平五更有利,于是炮二平五成为当前流行下法。

②……　　　象 3 进 5

红方通过炮二平五的改进,黑方如果再走炮 8 平 5 则是形成顺炮的阵势,双方以刚对刚,但是变化较为简明,黑方演变下去总归是要亏一些。"变则通",那么棋手自然会想到相应的改进,曾出现过马 8 进 7 的保中卒的下法,但是这样下黑方布局节奏还是偏缓(马 8 进 7 和炮 2 平 3 这两着棋协调性不够),这样演变黑方同样感到吃力。直到 20 世纪 60—70 年代,黑方找到飞象的变化。以飞象应付红方的中炮,表面看来,中卒失守似有不妥,实际上黑方阵形稳固,对此不足为虑，并且从某种角度上讲，还含有诱使红炮轻发的意味。与此同时，补象充分保证了卒底炮的威力，是一步寓刚于柔、含蓄多变的应着。此后，在这个思想的指导下，黑方又细分为象3进5和象7进5两种不同的布局分支，至此仙人指路对卒底炮红右中炮布局体系的框架基本完成。

③ 马二进三　卒3进1

黑方冲卒渡河，实现卒底炮的战术意图，是与红方对抢先手的选择。

④ 相七进九

飞左边相是红方布局的重大改进，这着棋的好处在于改变了以往红方马八进九左马屯边的走法，保持住八路马的灵活性，以后可以马八进六跳拐角马，也保留着以后通过炮八平六再马八进七跳正马的可能性。

④……　　卒3进1　　⑤ 车一平二

抢出右车是正确的选择，如果顾忌黑方过河卒改走相九进七，红方布局节奏就要慢下来，黑方可以选择的变化较多。

⑤……　　卒3进1

保卒是谢特大比较喜欢的走法。此时还有车9进1放弃过河卒的下法，意图通过放弃过河卒造成红方相九进七形成高相这样的弱形，再通过快速出动大子获得利益。不过红方也不会轻易上当，黑方如车9进1，红方会选择炮八平七兑炮抢先，以下卒3平4，炮七退二，卒4进1，马八进七，马2进4，仕六进五，马8进9，形成双方互抢先手的局面。

⑥ 马八进六　卒3进1　　⑦ 炮五进四　士6进5

补左士应将是谢靖特大祭出的一把飞刀，通常的选择是士4进5，以避免红方左翼的八路炮对底线潜在的威胁。

⑧ 炮八进四

红方的意图是借黑方保卒的思路，换取快速出动大子的机会。反观黑方虽然双车、双马未动，但是过河卒深入红方腹地，得到补偿。

双方各有所得，仍是均势的局面。

⑧……　　马8进7　　⑨炮五平六

平炮避捉的同时，不给黑方马7进5的机会。这是炮五平六和炮五退二的区别。显然，红方继续贯彻遏制黑方大子整体出动速度的布局战略。

⑨……　　车9平8

⑩兵五进一（图3）

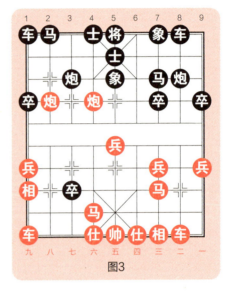

图3

随着黑方补士的方向不同，布局已经进入到一个全新的局面。郑特大也放弃继续套用士4进5后的着法，没有选择车二进六的下法而冲起中兵，以盘活位置较差的六路马。红方之所以这样选择，一是有意避开黑方可能准备的"家庭作业"，二是车二进六以后，黑方可马2进4，马六进七，炮3进1，马七进五，车1平3，车九平八，卒7进1，炮六退一，炮3平5，这样形成一个互缠的局面，红方先手不易把握。

⑩……　　炮8进4　　⑪马六进五　　马2进4

⑫兵五进一　　卒7进1

从这一段双方的着法来看，黑方子力已经逐步展开，形成一个互相压制的局面。从这一点来说，谢特大的布局战术已经取得成功。

⑬兵三进一

冲三兵的方案导致红方陷入被动。

⑬……　　炮8退2

退炮打兵大约是红方兵三进一时忽略的一步重要的反击手段。

⑭兵五平六　　车1平2　　⑮车九平八　　炮8退1

⑯炮八进二　　炮8平5

黑方连续反击取得非常好的效果，平炮叫将后，黑方取得优势。

⑰ 仕四进五

红方如误走兵六平五，则车8进9，马三退二，炮5进3，黑方得子。

⑰ ……　　　车8进9　　⑱ 马三退二　卒7进1

红方中马受牵，黑方顺利渡过7路卒。

⑲ 帅五平四　卒7平6

黑方平卒是稳健的选择，保持过河卒以拉长战线。

⑳ 炮八平七　卒3平2

黑卒是肯定保不住了，弃在这里对黑方更有利。

㉑ 车八进二　车2平3　　㉒ 炮七平九　卒6进1
㉓ 马五进七　马4进3　　㉔ 车八平三　炮3进3

黑方如马7进8，则炮六平一，炮3进3，相九进七，马3进1，车三进四，炮5平9，炮九退三，卒1进1，车三平一，双方和势。

㉕ 相九进七　马7进8　　㉖ 车三进四

红方如炮六平一就还原成第24回合中推演的变化。其实双方行棋至此，都在小心翼翼地寻找战机，特别是执红的郑特大，着法的选择有时宁可稍亏一些，但是要选择那些可以保留的方案，以谋求进攻的机会。

㉖ ……　　　炮5平6　　㉗ 帅四平五　炮6退3
㉘ 马二进三　车3进1　　㉙ 炮九进一　车3退1
㉚ 炮九退一　马3进1　　㉛ 炮九退三

黑方进马捉相，伏有马1进2的先手，红方不得已只能进行交换。

㉛ ……　　　卒1进1　　㉜ 相三进五　车3进3
㉝ 车三平一

红方平车吃卒，先捞实惠。如车三平二，则卒6平7，车二退一，卒7进1，局面有简化的可能，这是红方不愿意走到的变化。

㉝ ……　　　卒6平7　　㉞ 马三进五　马8进6
㉟ 马五进四　马6进4

黑方现在过早放弃7路卒要亏一些，不如卒7进1先把这个卒保留下来，以后车一平二，再马6退4，兵一进一，车3平2，大体均势。

㊱马四退三　马4进3　㊲帅五平四　士5进6
㊳仕五进四　马3退4　㊴仕六进五　车3平2

黑方也可以先走马4进5吃士，则炮六平五，士4进5，马三进五，车3平2，双方互有进攻的机会。

㊵马三进五　马4进5　㊶炮六平五　士4进5
㊷马五进六　马5退7　㊸帅四平五　车2进6
㊹帅五进一　车2平4

这是本局的分水岭，黑方应先走将5平4避将，保持2路车的灵活性，随时退车参加防守。

㊺马六进七　将5平4　㊻炮五平六　车4平6（图4）

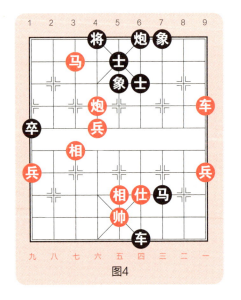

图4

贪攻忘守，黑方还是应走车4平2，则炮六平八，将4进1，兵六平五，车2退3，车一平三，马7退6，车三平六，士5进4，帅五平六，炮6平4，黑方严防死守，尚有谋和的机会。

㊼炮六平九

红方利用顿挫战术谋得一子，胜势已成。

㊼……　　　士5进4
㊽车一平六　士6退5
㊾车六平三

红方带杀捉马，黑方失子，投子认负。

全国象棋锦标赛（团体）

2023年全国象棋团体锦标赛，于3月20-25日在安徽合肥举行。经过五天激烈的争夺，最终排名如下。

男子组：冠军浙江，亚军四川，季军河北，第4名北京，第5名上海，第6名湖北，第7名江苏，第8名河南。

女子组：冠军浙江，亚军杭州，季军四川，第4名河北，第5名广东，第6名黑龙江，第7名湖北，第8名上海。

其中，浙江男队赵鑫鑫、黄竹风，四川队的李少庚，获得了代表中国队参加2023年亚锦赛的资格。黄竹风、李少庚如果获得亚锦赛个人冠军或者团体冠军，将会直接晋升为特级大师。浙江女队吴可欣，也获得了参加2023年亚锦赛的资格。

男子组共有7名非大师棋手获得晋升象棋大师的资格，他们是王禹博、任刚、赵攀伟、孟繁睿、宋炫毅、顾博文、俞易肖。其中，赵攀伟、孟繁睿两人多次获得晋升象棋大师的资格，均被放弃。

女子组的姜瑀、杨若诗，获得晋升象棋大师的资格。

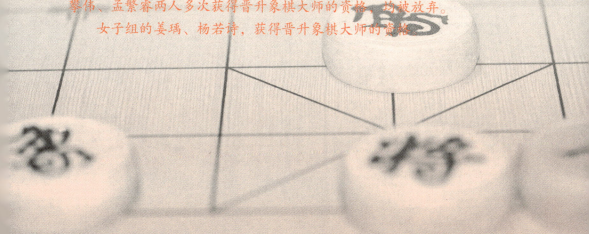

第3局 浙江 赵鑫鑫 胜 山东 李翰林

团体赛第2轮，浙江队与山东队相遇。双方第2台黄竹风与李学淏鏖战成和；第4台浙江队孙昕昊大师战胜山东李成蹊为浙江队先下一城；第3台浙江小将徐崇峰大师不敌山东陈富杰大师，山东队又扳回一阵，两队胜负关系将由第1台赵鑫鑫与山东队主将李翰林之战的结果决定。

① 炮二平五　马2进3　② 马二进三　炮8平6
③ 车一进一

红方起横车，意图是占肋牵制黑方士角炮，然后左马正起，伺机向黑方中路及右翼发起攻势。

③ ……　　马8进7　④ 车一平四

至此形成中炮横车对反宫马。红方平车瞄炮，可稳持先手，但此局面变化不多，易成和局。此局面下不宜平车六路，因黑方士角炮威胁串打，红马无法正起，补右士象后黑方可直接平车邀兑红车，红方反而不利。

④ ……　　车9平8
⑤ 马八进七　士4进5

当红方马八进七的时候，黑方再起士应对，随时准备出贴身车。

⑥ 兵五进一（图5）

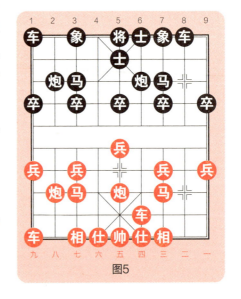

图5

形成中炮横车夹马对反宫马的阵势。红方冲中兵，直攻中路。如改走兵七进一，则卒7进1，炮八平九，炮2进2，车四进五，马7进8，车九平八，炮2平1，黑方不难走。

⑥……　　　车8进4　　⑦炮八退一

红方退炮准备强攻中路，着法强硬。

⑦……　　　卒3进1

此时黑方进3卒是一路比较冷僻的变化，是2012年江苏队程鸣特大所创。

⑧炮八平五　　炮2进2

进炮巡河加强巡河线防守力量的同时封闭2路线，一着两用。

⑨车九平八　　象3进5　　⑩前炮进四　　马3进5
⑪炮五进五　　炮6进2　　⑫炮五平四　　车1平4
⑬马三进五　　车4进5

进车捉兵过于直接，不如炮6平7，则相三进一，车8进2，兵七进一，车8平7，车四进一，马7进5，黑方先打乱红方阵形，再对红方右翼进行威胁，双方对峙。

⑭车四进三　　马7进5

在红方中兵没有发动进攻之前，黑方抢先跳马，棋局的发展顿时复杂起来。

⑮兵七进一　　车4进1

黑方进车避捉的同时反捉红车，黑方这种缠绕式的反击，让红方颇感头痛。

⑯车四退三

看到这里，笔者的第一感觉是红方可兵五进一通过弃兵来活通八路车，黑方如炮2平5，则马五进四，马5退3！红方得子，黑方保留空头炮。实战中，赵特大选择退车，可能认为让黑方保留空头炮，局势不易控制。选择退车，伏有车四平六兑车的手段，解决黑方兵林车对红方子力的限制。

⑯……　　　炮6平7　　⑰相三进一　　车8进3

黑方进车破坏红方的兑车计划。

⑱炮四退三　车4退6　⑲炮四退一

红方退炮拦车，保护七路马，以后可以兵五进一或兵三进一发起进攻。

⑲……　　　车8平9　⑳炮四平五　炮7平8

黑方此时错过了进攻的最佳时机，应走车4进6，则马五进三，马5退3，兵七进一，象5进3，兵五进一，炮7进2，黑方大军压境，优势。

㉑兵五进一　炮8进5　㉒帅五进一　马5退3
㉓兵七进一　象5进3　㉔兵五平六

红方现在已经扛过艰难时刻，平兵发动进攻。

㉔……　　　象3退5　㉕马七进六　炮8退3
㉖兵三进一　炮8退2

因为是团体赛制，并且是一台主将之争，双方棋手身负重任，在行棋过程中既要考虑本局的胜负结果，又要考虑其他台次的胜负关系，所以双方行棋时格外谨慎，尽量保持局面的复杂化，以便在队友失利时可以有力挽狂澜的机会。黑方退炮卡住红方兵三进一或马五进四的机会，占位准确有力。

㉗兵六进一　炮2平3

黑方如果车4进3吃兵，红方很可能会马六进八进行交换，即使黑方车4平2牵制，红方车四进二守住兵林线，黑方一时也没有好的进攻机会，反而会因为局面简化，失去争胜的可能。

㉘车八进六　炮3进4（图6）

此时传来双方其他三台战平的消息，李翰林大师一改本局"渗透流"的风格，主动发起进攻。但是

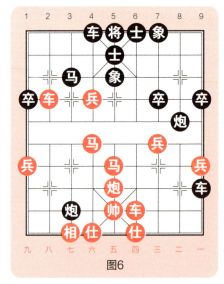

图6

这次进攻不仅没有达到黑方预期的效果，反而被红方利用，成就红方争先的契机。黑方此时冷静的选择是车9退1，以下车四进二，车9进2，帅五退一，炮8进5，仕四进五，车9平7，帅五平四，炮3平9，炮五平一，炮8退7，双方战线漫长，互有顾忌。

㉙车四进七

面对黑方的反击，赵鑫鑫经过长考，判断自己的进攻速度要比黑方快，进车塞象眼，果断有力。

| ㉙…… | 车9进1 | ㉚帅五退一 | 炮8进5 |
| ㉛仕四进五 | 车9进1 | ㉜炮五进五 | |

双方由此上演"生死时速"的决战。

| ㉜…… | 士5进6 | ㉝炮五退二 | 炮8平4 |
| ㉞仕五退四 | 炮4平6 | ㉟马五进四 | |

进马巧手，既护住红车，又伏有马四进五，马3进5，马五进七，马5退4，马六进五，士6进5，马五进六，士5进4，马六退四，车4进1，车八进三连将杀的手段。

| ㉟…… | 炮6平3 | ㊱帅五进一 | 前炮平5 |
| ㊲马六退五 | | | |

红方退马又是一步隔断，黑方九宫之危难以化解。

㊲……	炮5退2	㊳马四进五	马3进5
㊴车四进一	将5进1	㊵车八进二	车4进1
㊶车八平六	将5平4	㊷马五退七	（黑方认负）

第4局　北京 王禹博 负 四川 许文章

本届团体赛第9轮北京队与四川队相遇。8轮结束后，北京队积

13分，四川队积12分，最后一轮两队直接交锋，将决定两队的最终名次。

①兵七进一　炮2平3　②炮二平五　象7进5
③马八进九　马2进1　④车九平八　车1平2
⑤炮八进四

北京队小将王禹博是近年崛起的棋坛新势力，而成都队的许文章同样是少年成名，有象棋神童之誉。两人间的对话，格外引人关注。

本局双方以仙人指路对卒底炮布局列阵，许文章大师应对红方中炮时，选择象7进5的走法，有意避开常见的象3进5飞右象的变例，红方则仍旧是落子如风，快速出动左翼大子，显然双方棋手对这一布局都有精深的研究。

⑤……　　士6进5　⑥马二进三　卒7进1
⑦炮五进四

炮打中兵是王禹博比较喜欢的走法。此时主流的选择还是车一平二保持两翼均衡出动子力，以下炮8平7，相三进一，马8进6，兵五进一，炮7进4，马三进五，炮7平1，兵五进一，卒5进1，炮五进三，黑炮连续吃兵捞取实惠，红方则快速出动大子，力争在子力位置上对黑方形成威胁。

⑦……　　马8进7
⑧炮五退一　卒3进1

黑方弃卒打相，有石破天惊的感觉。稳健型走法是车9平8，车一平二，炮8进4，兵五进一，炮3进3，相三进五，炮3平4，仕四进五，车2进2的变化。

⑨兵七进一　炮3进7
⑩仕六进五（图7）

红方为什么不愿车八平七吃炮呢？首先红方认定黑炮是孤炮

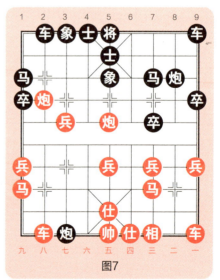

图7

难有作为，其次如果车八平七，则车2进3，车一平二，车9平8，马九进七，车2平5，兵七平六，马1进3，炮五退一，炮8进2，红方认为放开对黑方2路车的封锁后，黑方反攻的速度很快，后续带来的连锁反应，红方是不能接受的。所以红方选择了补仕而没有直接吃炮。

⑩……　　炮8进5

这是黑炮打相的后续手段。

⑪炮八退一

红方退炮这着棋并没有太大的问题，只是从直觉上来讲，有炮落险地之感，不如相三进五更厚实。

⑪……　　炮8平1　　⑫车八平七　卒1进1

⑬兵五进一

红方先进中兵也是一步整体性很强的构思。以后通过马三进五再马五进七对中炮形成支援，保留车一进二捉炮再车一平六的手段。

⑬……　　马1进2　　⑭兵七平八

不能用炮打马，否则象5进3，车七平八，红方车炮受牵。

⑭……　　车2进4　　⑮马三进五　炮1平8

平炮是一步长线构思，计划通过炮8退4再炮8平5削弱红方中炮的效率，同时对红方中路形成反制。

⑯车一进二　炮8退4　　⑰车一平六　车9平6

⑱帅五平六

这是一步很重要的次序。如先走车六进四，则炮8平5，马五进七，车6进6，红方子力占位不错，但是没有发展前景，黑方满意。出帅这着棋在局部抢一个先手，同时也能削弱黑方炮8平5后对红方的牵制力。

⑱……　　炮8平5　　⑲马五进七　车2平3

⑳马七退八

临场王禹博感觉黑方的反击潜力很大，退马兑车意图简化局面。

⑳……　　车3平2

黑方此时应考虑车3进5兑车再车6进6控制红方兵林线为宜。

㉑ 车七进九

上一着黑车避兑是弄险之举，红方车杀象后，重新夺得局面的主动。

㉑ ……　　车2退2　　㉒ 马八进七　车2进7
㉓ 帅六进一　车6进6　　㉔ 炮五进二

上一着黑方车6进6伏有车6平3作杀的手段，但是红方只要走车七退三的巧手，黑棋对红方威胁不大。以下车6平3，炮五进二，士5进4，红方有一步马七进五兑车的巧手，黑方攻势土崩瓦解。实战中，红炮打象反而被黑方利用，黑方将5平6出将后，红方子力对黑将都构不成威胁。

㉔ ……　　将5平6　　㉕ 马七进六

红方不能车六平四兑车，否则车6进1，仕五进四，车2退1，帅六退一，车2退6捉死炮，黑方大优。但进马过于勉强，所能制造的威胁明显不足。红方正确的选择还是车七退三，以下车2退7（依然不能车6平3，否则红方马七进五后大优），兵五进一，车2平5，兵五进一，马7进5，马七进八，红方保持主动。

㉕ ……　　将6进1

黑方上将示弱了，应改走马7进6，则兵五进一，车6平1，炮五平九，马6进5，相三进五，车1平2，黑方大优。

㉖ 炮五平九（图8）

平边炮失去对防守要道的保护，是本局中红方致命的失误。红方应走炮五平七，黑方不能车6平3，否则车六平四，红方有连杀手段。这时黑方只能炮5退1，以下炮七进一，士5进4，炮七

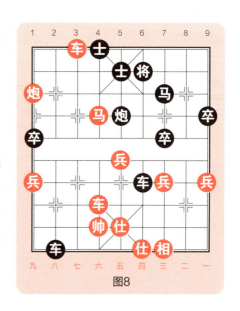

图8

退七，士4退5，车六平四，车6进1，仕五进四，车2退3，炮七进二，红方稍好。

㉖……　　车2退1　　㉗帅六退一　炮5进5

黑方抢先动手后，一击制胜，红方投子认负。

第5局　浙江 唐思楠 胜 四川 郎祺琪

女子组比赛一共进行七轮，第5轮比赛结束后，浙江队积10分独自领先，四川队积8分暂列第二名，广东、河北、杭州同积7分，分列3～5名。第6轮浙江队与四川队相遇，上演一场精彩的强强对话。

①相三进五　马2进3

以起马应对飞相局，灵活多变。

②兵七进一

红方进七兵制马是针对性极强的下法，现多被喜爱搏杀的棋手所采用。

②……　　炮8平5

黑方作为后手棋，快速还架左中炮，摆出积极反击的姿态。

③马二进三

改进之着。加快右翼子力的出动，以便对黑方左翼进行封锁。

③……　　马8进7　　④车一平二　车9平8

⑤炮二进四

有力的封锁。红方如改走马八进七，则车8进4，炮二平一，车8进5，马三退二，车1进1，马二进三，卒5进1，黑势颇具弹性，足可满意。

⑤……　　　炮2进7

炮兑底马，出车牵制红方车炮，是黑方主要的进攻选择。如改走卒7进1，则马八进七，车1进1，车九进一，车1平4，车九平四，卒5进1，车四进五，炮5进1，炮二平三，红先。

⑥车九平八　车1平2　⑦炮八进三

从本届团体赛的赛后胜率排行榜来看，唐思楠大师以4胜3和成绩获得最佳第二台。在本届比赛中，唐大师非常善于将棋局导入复杂形势，辅以其强大的心理战能力，使其在胜负的关键阶段往往能出人意料。红方这着炮八进三凌空虚点，投石问路。

⑦……　　　卒7进1（图9）

黑方进7卒是正着，也是黑方唯一可行的走法。如改走卒5进1，则兵七进一，卒3进1，炮八平五，士4进5，车八进九，马3退2，兵三进一，黑方左翼被封锁，红方优势。

⑧仕四进五

红方补仕的目的是应对黑方马7进6后对中路的冲击。

⑧……　　　马7进6

⑨炮八进一　炮5进4

炮打中兵是保留变化的选择，如改走马6进5，则炮八平五，马3进5，车八进九，前马进7，车二进二，马5进6，车八退六，黑方一车换双，红方稍好。

⑩车八进五

红方不能走马三进五，否则双车双炮都被牵制，黑方优势。

⑩……　　　炮5退2　⑪炮二退一　马6退7

黑方退马稍显消极，不如改走卒3进1，则车八退三，马6退5，炮二平五，车8进9，马三退二，卒5进1，兵七进一，卒5进1，黑方主动。

⑫ 炮二平五　卒5进1　⑬ 车二进九　马7退8
⑭ 车八平五

红方顺势先手吃卒，消除车炮受牵制的弱点。

⑭ ……　　象3进5　⑮ 炮八平一　士4进5
⑯ 马三进五　车2平4　⑰ 兵三进一

黑方子力全部处于内线，为红方留出了太多的进攻空间。兑兵以后马跳到相尖，红方优势将进一步扩大。

⑰ ……　　车4进3　⑱ 炮一退二　卒7进1
⑲ 马五进三　马8进7　⑳ 炮一平二

红方平炮好棋，保持子力灵活性，随时可以兵一进一对黑方阵地进行渗透，又保留以后炮二平五的机会。

⑳ ……　　车4平5　㉑ 车五平八　卒3进1
㉒ 车八进二　马3进4　㉓ 兵七进一　马4进5

进马寻求交换是黑方当前最好的走法。如改走马7进6，则兵七平六，马6进8，车八退四，伏有兵六平五的手段，红方优势更大。

㉔ 马三退四　马7进6（图10）

败着！黑方此时宜走马7进9快速回防。以下车八进二，士5退4，炮二平五，马9进7（防守要点），车八退三，士4进5，车八平五，马7退5，兵七平八，后马退3，兵八进一，卒1进1，双方战线漫长。

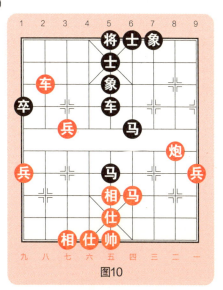

图10

㉕ 炮二平五

红方立中炮后，黑方形势急转直下，看似防守严密的阵形其实已经危机四伏。

㉕……　　　　将5平4　　㉖车八进二　将4进1
㉗兵七平六　马5进7　　㉘车八退六

红方退车切断黑马调运的路线，老练。

㉘……　　　　将4退1　　㉙相五退三　马7退8
㉚炮五退二　象5退3　　㉛兵六平五

平兵是巧手，成功把黑车引入到受牵的位置，以后红方利用黑车受牵的弱点，可迅速发起进攻。

㉛……　　　　车5进1　　㉜车八平六　将4平5
㉝马四进三　车5退1　　㉞马三进四　马8退7
㉟马四进三　马7退6　　㊱车六平四

黑方失子已不可避免。

㊱……　　　　马6退5　　㊲车四进五　将5平4
㊳车四退二

黑方失子失势，投子认负。

第三届"鹏城杯"全国象棋排位赛

由国家体育总局棋牌运动管理中心、中国象棋协会、深圳市文化广电旅游体育局主办的"鹏城杯"全国象棋排位赛创办于2019年,是和"上海杯""五羊杯"齐名的高规格、高档次的商业象棋大赛。

本届比赛于2023年2月26日至3月1日在广东省深圳市罗湖区梧桐山象棋基地举行,有王天一、申鹏、洪智、汪洋、谢靖、黄竹风、陆伟韬、赵金成、许国义、黄海林、陈幸琳、王禹博、曹岩磊、武俊强、李少庚、徐崇峰共16名棋手参加。比赛采用独特的双败淘汰赛制,经过五天的激烈争夺,最终王天一获得冠军,申鹏、赵金成、洪智分获2~4名。

第6局　湖北 曹岩磊 胜 湖北 汪洋

① 炮二平五　马8进7　② 马二进三　车9平8

③ 车一平二　卒7进1　④ 车二进六

在黑方抢挺7卒的情况下，红方压车过河必要，否则容易被黑方左炮封车。

④……　　　马2进3　⑤ 兵七进一　炮8平9

⑥ 车二平三　炮9退1

双方走成中炮对屏风马平炮兑车的局面。这一局面20世纪60年代出现在棋坛上，其特点是双方的攻击点都在对方的右翼，并且都是以对方右翼的马作为主要攻击的对象。

⑦ 马八进七

跳正马是先手方使两翼子力均衡展开的流行走法，很富有魅力。

⑦……　　　士4进5　⑧ 马七进六

左马盘河，配合过河车组成攻势，这是一种长盛不衰的进取之道。面对此阵，黑方有多种选择，或是飞象巩固后防，或是直接攻击红马。不过这着一出，很多棋手自然认为曹岩磊大师是准备背一盘和棋谱，但这似乎有违曹大师强硬的风格，难道是布局将有飞刀出现？

⑧……　　　炮9平7　⑨ 车三平四　车8进5

⑩ 兵三进一

果然，布局的走向偏离人们预想的和棋谱。经典的和棋谱走法是炮八进二，象3进5，炮五平六，卒3进1，兵三进一，车8退1，兵七进一，象5进3，炮八平七，马3进4，炮六进三，卒7进1，炮六进三，炮7平4……后面的谱着相信不少读者已是耳熟能详，这里就不再列举。实战中兵三进一的走法则不然，这着棋直接把局面导向复杂化，双方都没有退路可言。

⑩……　　车8退1（图11）

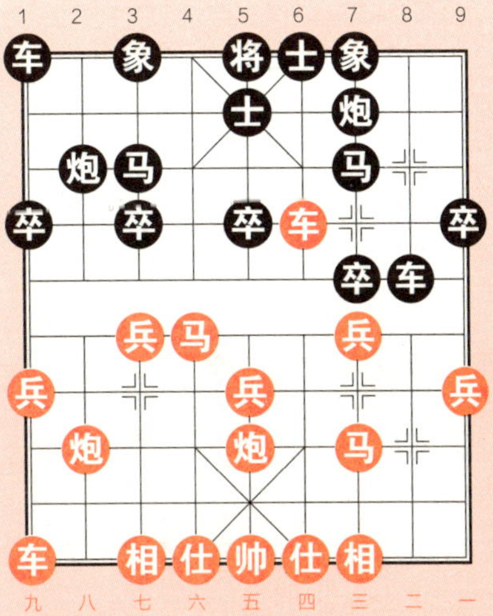

显然黑方是不宜走车8平7的，否则红方可以马三进四，炮2进3（车7进4，马四进六，车7退4，炮八进二，马3退4，车九进一，红方优势），相三进一，车7进1，马六退七，炮2平6，车四退二，炮7平8，车四平二，炮8进3，此时黑车又成为红方攻击的目标，下一步炮八进一借攻车之机腾挪子力，红方主动。

⑪马六进四　　炮2退1
⑫炮八平九

红方飞刀再现！以往出现在这里的着法是红方兵五进一，象7进5，兵五进一，卒7进1，马四进二，卒7进1，兵五进一，马7进5，红方子力陷入被动，黑方满意。红方平边炮快速出动左车，以后攻击黑方位置较差的双马，获取优势。

⑫……　　卒7进1　　⑬马四进二　　卒7进1
⑭车九平八

曹大师有弃子大师的称号，面对实力强劲的汪特大仍然弃子抢攻，凶悍之极。

⑭……　　象3进5

黑方飞象既可保护7路马，同时还能为3路马生根，稳健的选择。

⑮车八进七

红方进车，为发动第二波攻势创造机会。

⑮……　　车1平3　　⑯马三退五　　炮2平4

图11

⑰ 马二进三　　炮4平7　　⑱ 车四进二　　炮7平9
⑲ 炮九进四

红方炮打边卒正是红方发动的第二波攻势，准备从边路深入黑方底线。

⑲……　　炮9进5

面对红方攻势，汪特大同样不甘心苦守，炮打边兵与红方争时间抢速度，一场大战由此引发。

⑳ 炮五平九　　炮9平5　　㉑ 马五进七　　炮5退1
㉒ 前炮进三　　马3退4　　㉓ 车四退四　　卒5进1

红方如愿沉底炮牵制黑方车、马，黑方占据空头炮虎视眈眈，谁最终能棋快一着呢？

㉔ 马七进六　　车8进3　　㉕ 帅五进一　　车8退1
㉖ 帅五退一　　马7进8　　㉗ 车四进一　　卒7进1

冲卒似快实缓！黑方可以考虑车8退1，帅五进一，马8进9，红方帅位不安，黑方进攻的机会更多。

㉘ 车八退四　　卒7进1　　㉙ 帅五进一　　马8退7
㉚ 车四平五

"拔"去炮根，红方的进攻要舒服不少。

㉚……　　卒7平6（图12）

平卒攻帅是惯性思维，这里出现了一个计算的盲点，导致黑方彻底失去了与红方抗衡的机会。黑方应卒7进1，则帅五进一，炮5平3，帅五平六，卒3进1，车五平六，马7进5，以后再马5退3、马3退1，解决底线受牵的不利局面，黑方足可抗衡。

㉛ 帅五平六　　炮5平9

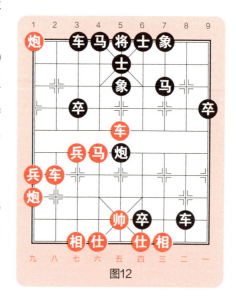

图12

㉜ **马六进七** 车8退5　　㉝ **兵七进一** 炮9平3
㉞ **马七进九** 象5进3

黑方如选择车3平1—车换双，则马九进七，炮3退4，炮九进七，炮3退1，车八平六，黑方底线弱点仍然无法解除。

㉟ **车五平六** 象3退1　　㊱ **后炮平五**

红方先弃兵再弃马，此时从中路发动进攻！

㊱ **……** 士5进4　　㊲ **炮九平八** 将5进1

黑方迅速崩溃的一着棋，红方由此快速确立胜势。顽强的走法是马7进6！则车六平五，象7进5，车五平四，车8平5，炮五平七，炮3退4，炮七进七，象5退3，炮八平六，炮3平4，车八平六，卒6进1，黑方先弃后取，局势能有所缓和。

㊳ **车六进二** 马7进6　　㊴ **车六进一** 将5进1
㊵ **炮八平六**（黑方认负）

第7局　杭州 王天一 胜 河北 申鹏

这是本次比赛冠亚军决战的一盘对局。

① **马八进七** 卒3进1　　② **炮八平九** 马2进3
③ **车九平八** 车1平2　　④ **炮二平六**

红方以先手左三步虎布阵，双方前三个回合都是常见的套路，落子飞快，直到红方走出这着右炮过宫后，双方行棋速度才明显缓了下来。通常认为，左三步虎在黑方常规的应对下（挺卒制马、跳马、出右直车），红方左翼子力出动可以告一段落，为保持左右均衡出动子力，红方需要选择兵三进一、马二进二等下法。或者换一个思路，红方三步虎定形后，红方担心黑方有炮2进4或炮8进4等侵扰手段，可以续走车八进四或车八进六，这都是常规的选择，实战中炮二平六有着反常规的味道。值得一提的是，这着棋是2018—2019赛季女子象甲联赛上，由杭州队赵冠芳走出的新着，而当年的杭州队的教练正是王天一特级大师，那么这着棋一出，后边的变化就很值得期待了。

④……　　炮2进4

赵冠芳当时走出此着后，对手梁妍婷大师的选择是马8进7，以下马二进三，车9平8，车一进一，炮8平9，车一平四，车8进4，车四进三，双方局面平稳。不过，在炮二平六这着棋横空出世后，棋手们在研究黑方的应对时发现，马8进7的走法过于平稳，可以针对红方平炮后压制七路马中路防守的特点，进炮出击威胁中路，更为直观也更加积极。

⑤马二进三　炮8平7

以往黑方这着棋会走马8进9，则车一平二，车9平8，车二进四，炮8平7，车二平六，红方先手。其实就棋而论，这样走完的棋形黑方左右两翼有不协调的感觉，特别是当红方车二平六后，红方六路炮的作用充分发挥出来，这对黑方是不利的。因此，在2022年南北冠军对抗赛上，王特大又把这着棋改进为炮8平7，以后通过炮7进4打兵，再马8进7实现跳正马的目标，黑方阵形协调。申鹏特大在这里以彼之矛攻彼之盾，把破解的难题留给王天一特大，让局面变得更加有趣。

⑥车一平二　炮7进4

⑦车二进八（图13）

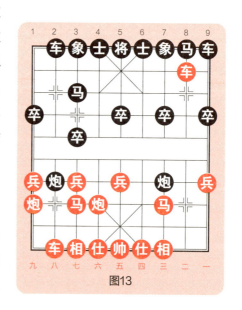

图13

王特大对此局面果然颇有心得。当年吕钦特大在此局面下选择了相对平稳的相七进五走法，以下马8进7，车二进四，炮7平3，车二平三，象7进5，车三进二，马7退5，炮九退一，马5退7，形成双方对峙的局面，最终弈和。而在本局中红方选择弃底相，进车压制黑方8路马，简单粗暴。

⑦……　　　炮7进3　　⑧仕四进五　卒7进1

冲7卒是当下黑方最佳的反攻方案。

⑨相七进五

先手捉炮的同时，为以后兑七兵活马创造机会。

⑨……　　　炮7平9　　⑩兵七进一　卒3进1

⑪相五进七　象7进5

申特大此时谋划了一个弃子解围的方案，计划利用弃马的机会，把底车投入到战斗中去。在这个计划中，黑方9路车最佳的攻击线路是车9平8再车8进9，利用车炮配合谋回失子。由此，黑方的行棋都是围绕这个计划展开的。

⑫马七进六　炮2进1　　⑬马三进二

随时准备双马连环，正着。如马三进四，黑方则顺利的走马8进6实施弃子计划。以下红方如车二平四，则车9平8，帅五平四，车8进9，帅四进一，车8退1，帅四退一，炮2进1，黑方大优。

⑬……　　　士6进5

由于红方跳外马延缓了车9平8再车8进9的速度，黑方此时是不能马8进6的，否则车二平四，车9平8，帅五平四！车8进5，车四进一，将5进1，马六进四，红方大优。所以黑方这里先补一着士，再马8进6弃子，是非常必要的。

⑭马二进四　马8进6　　⑮马四进六

红方抢攻稍急，不如炮六平五，卒7进1，仕五进六兑炮，黑方如炮2进1，则马四进三，车9平7，马六进四，炮9平7，炮九平七，红方不用顾忌底线的问题，局面更主动一些。不过这里红方不可车二平四，否则车9平8，马四进六，车8进9，仕五退四，车8退4，仕四进五，车8平4，黑优。

⑮……　　　士5进4　　⑯炮六平五　士4进5

红方行棋次序上的问题被黑方利用,至此黑方已经取得满意的局面。

⑰ 仕五进六　炮2进1　　⑱ 炮九平七　马3进4
⑲ 炮七平八　炮2平7　　⑳ 炮八进五　将5平4

红方炮八进五偷袭黑车(更主要是闪出车位),黑方出将化解,红方二路车仍不离线,不愿放黑方9路车出来。

㉑ 车八进五　马4进6　　㉒ 后马退四　后马进7
㉓ 车二退四

退车反捉黑马是一步坏棋。应车二退七捉炮,则炮7进1,帅五进一,这棋红车占据防守要点,分担大部分的防守压力,红方局势尚可。

㉓ ……　　　　卒7进1

弃卒是黑方扩先的好棋。

㉔ 车二平三　炮7进1

黑方进炮随手,眼见形成夹车炮的攻势,放弃了炮7平4走法。其实炮7平4是当前局面下黑方最佳的应对方案,以下炮五平四,炮4退5,炮四进二,马7进5,车三退一,车9平8,黑方攻势更强。

㉕ 帅五进一　车9平8
㉖ 车三退四　车8进8
㉗ 马四退三　马6进8(图14)

黑方急于得回失子,给了红方透松局面的机会。紧凑的下法是马6进7,则帅五平六,炮9退1,炮五退一,前马进5,仕六进五,炮9平7,帅六退一,马7进5,兵五进一,马5退3再马3进4,黑方优势明显。

㉘ 帅五平六　车8平7
㉙ 车三进一　马8进7

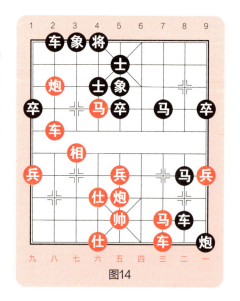

图14

㉚ 炮五进四

见黑方马炮难以形成攻势,红方挥炮打卒,由此转守为攻。

㉚……　　后马进5　　㉛ 仕六进五　马5进7

㉜ 马六退五

王特大的进攻敏锐性由此可见。退马可为炮八退一闪击创造机会,而这个机会虽然不足以得子,但却能实实在在地赢得进攻时间,黑方已经很难应对了。

㉜……　　士5进6　　㉝ 相七退五　前马退5

㉞ 炮八退一　士4退5　　㉟ 车八平六　将4平5

㊱ 马五进六　马5退7　　㊲ 车六平三

黑方失子失势,投子认负。

第六届全国象棋青年大师精英赛

2023年全国象棋青年大师精英赛于3月12—15日在宁波举行。本届全国象棋青年大师精英赛共有18名棋手参赛,包括10名男棋手和8名女棋手,男女棋手混合进行7轮积分编排赛,女子棋手另行单独排名。本次比赛的参赛者全部是1999年1月1日以后出生的新锐力量,其中包括孙昕昊、王文君等前不久参加了象甲联赛或者女子象甲联赛的"00后"棋手。

经过4天紧张的比赛,最终浙江孙昕昊、杭州茹一淳、上海蒋融冰获得男子组前三名,杭州王文君、山东黄蕾蕾、杭州沈思凡获得女子组前三名。

第8局　浙江 孙昕昊 胜 杭州 王文君

①兵七进一　炮2平3　②马八进九

面对近年来女子棋坛新星，孙昕昊大师选择一步左马屯边的冷着，避开流行布局套路，以较量后半盘功力。这着棋从棋理上分析并不是一步坏棋，只是行棋上剑走偏锋，弱化了对黑方的反制能力。

②……　　马2进1　③车九平八　车1平2

④兵三进一

红方左马不活，进三兵为活通右马做准备也是势在必行。

④……　　炮8平4（图15）

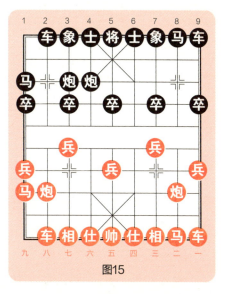

图15

左炮过宫是王文君大师的创新着法。常见走法是炮8平5架中炮，以下马二进三，马8进7，车一平二，车2进4，炮八平七，车2平8，相七进五，卒7进1，兵三进一，车8平7，炮二平一，士6进5，双方大体均势。在本届比赛的第7轮，李学淏与王文君相遇时，两人也走成这个局面，王文君大师改走炮8平5，可见她本人对炮8平4的走法也是不太满意的。那么炮8平4这着棋到底是哪里出了问题呢？我们可以通过本局的实战进程一探究竟。

⑤马二进三　马8进7　　⑥车一平二　车2进4

⑦炮八平七　车2平4

平车占肋是炮8平4的后续手段。如果黑方走车2平8，则炮二退一，卒1进1，此时由于红方中兵没有被黑方中炮威慑，红方可以炮二平七兑车，红方主动。

⑧兵七进一

红方弃兵打开巡河线，以后可以发挥车八进四巡河车的效率。

⑧……　　　炮3进2　　⑨相七进五　士6进5

通常情况下，开局阶段过多在士象方面进行调整，会影响强子出动速度，在布局原则中就有一条"开局阶段慎补士象"。但慎补不是不补，在开局过程中，棋手补士象时往往出于以下三种情况：一是调整阵形，或预先防范对方可能到来的进攻或不给对手先手攻击的机会，或为后续子力的开通或转移提供帮助；二是直接或间接为其他子力提供保护；三是子力占位比较满意，暂时不想打破局面的平衡，通过补士象试探对方的应手。本局中黑方补士可以视为第一种情况。

⑩兵九进一　卒7进1　　⑪车八进四

高车巡河是红方既定的行棋方案。

⑪……　　　车9平8　　⑫兵三进一　车4平7

⑬马三进二　车8平9　　⑭马九进七　卒5进1

冲中卒控制红方马七进五，并伏有炮3进3，炮二平七，炮4平3，马七进五，卒5进1，炮七进五，卒5进1的手段。黑方的构思虽然精巧，但是忽略了红方马七进六的手段，导到局面陷入被动。

⑮马七进六

借黑卒的"掩护"，红马成功杀入敌阵。这着之所以被黑方忽略，是因为马七进六以后没有明确的后续进攻路线。正是黑方的这次疏忽成就了红方兑子抢先战术的成功实施。

⑮……　　　炮4平6　　⑯车二进一　卒9进1

黑方对红方的计划仍然没有察觉，准备下一着再卒9进1，以下兵一进一，车9进5通过大出车的形式占据骑河线。

⑰ 马六进七　炮3退2

黑方只能交换，如象7进5，则马七退五，炮6进1，马五退七，卒3进1，车二平六，红方双车炮正好集中在黑方空虚的一侧，红方主动。

⑱ 炮七进五　象7进5　　⑲ 炮七平四　士5进6
⑳ 车二平六　车7进2　　㉑ 车六进五

红方进车这个构思比较独特，准备再次利用兑子战术抢先。

㉑ ……　　　士6退5　　㉒ 车六平三　车7退3
㉓ 马二进三　车9平6　　㉔ 车八平三　马7进5

行棋至此，红方始终保持小先手，虽然这个先手暂时没能转化成胜势，但是这种压迫感和棋局的掌控感让黑方很不舒服。黑方此时想在红方左翼制造一些威慑，至少要形成一定牵制，不能让红方全力进攻。

㉕ 炮二平一　马5进3（图16）

黑方正是在这种指导思想下，出现了致命的失误。马5进3这着棋的行棋方向是错误的，黑方正确的走法是卒3进1，当红方马三进一时，黑方可以马5进7进行防守，以下车三平二，马7进6，马一进三，车6进1，车二进五，士5退6，炮一平四，车6平7，车二平四，将5进1，车四退六，车7进4，以后车7平1，黑方守和不难。

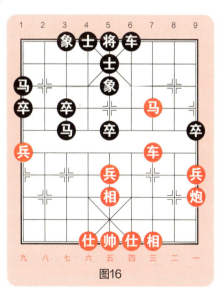

图16

㉖ 马三进一　车6进1
㉗ 仕六进五　马1退2　　㉘ 炮一进三

判断出自己已经控制住局面，红方也没有急于发起攻势，选择了炮打边卒，稳步推进的战术。

㉘…… 马2进3 ㉙车三进五 士5退6
㉚马一进三 象5进7

黑方飞象准备后马进5，以下如炮一进三，则象7退9，可以有机会解围。

㉛马三退二

红方退马卡住象眼，使黑象失去回防的功能，好棋。

㉛…… 前马进4 ㉜车三退一 车6进4

黑方如误走车6平7，则马二进三，将5进1，炮一进三，绝杀。

㉝炮一进四 士6进5 ㉞车三进一 士5退6
㉟马二进三 车6退4 ㊱炮一退一

黑车被捉死，红胜。

第9局 浙江 王宇航 胜 江苏 董毓男

① 兵七进一 卒7进1 ② 马八进七 马8进7
③ 炮二平六

相对于男棋手对布局理解的精深和棋风的多变，女棋手的布局则更多是中规中矩的。在中局阶段，多数女棋手是攻杀型的，计算力非常强，这一点较男棋手不相上下，但在大局观方面女棋手较男棋手会相对弱一些，特别是平稳局面下，男棋手更容易找到方向，而女棋手则稍显迷茫。即便像唐丹、王琳娜这些顶尖女子高手，虽然在乱战中的判断力已与男棋手不分伯仲，但是论对棋的感觉以及对细微之处的把控还是有差距的。因此在男女同台对弈时，男子棋手更倾向于利用女子棋手技术不够全面的相对弱点，而选择避开流行布局，走出散手局。本局中，双方以对兵局布阵，这里红方选择炮二平六过宫炮，也有意通过改变行棋次序来实现布局意图。

③……　　　车9平8　　④马二进三　马2进1（图17）

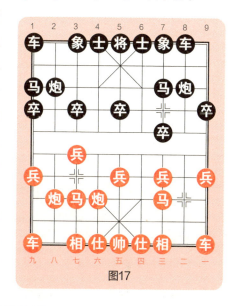

图17

双方走到这里，相信很多资深棋迷都看得出来，当前局面似乎也可以通过先手过宫炮对进卒布局演变而成。的确，红方如开局走炮二平五，则卒7进1，以下兵七进一，马8进7，马八进七，马2进1，马二进三，车9平8，同样可演变成当前局面。从布局理论上分析这是布局中殊途同归的一种正常现象。但从棋手的角度来说，红方如先走炮二平六，黑方可能直接炮8平5，那么双方发展就可能偏离红方预设的轨道。

⑤兵九进一　炮2平3　　⑥马七进八　炮8进3
⑦兵三进一

红方冲三兵是非常直观的短兵相接的下法。

⑦……　　　卒7进1　　⑧马三进二　车8进5
⑨相三进五　车1进1

红方通过交换，保持对黑方右车的封锁，黑方起横车势在必行。

⑩车九进三　炮3平4　　⑪车九平六　炮4进5
⑫车六退一

双方子力交换以后，红方子力出动的效率有所降低，但是获得了兵种上的优势，也算有所补偿，红方先手不失。

⑫……　　　象7进5　　⑬车一平三　车1平6
⑭车六进五

红方进车是准备下一着车六平八，以后配合马八进七打开突破口。

⑭……　　　马7进6

黑方进马逼红方表态，如果再走车六平八，黑方可以卒7进1冲下来，红方不利。

⑮车三进四　车8平7　　⑯相五进三　马6进5
⑰相三退五　车6平3　　⑱车六退四

上一着黑方平车守住3路线，破坏红方原来的进攻计划，红方顺势捉马在局部抢一个先手，思路灵活。

⑱……　　　马5退6　　⑲马八进九　车3平2
⑳炮八平六　车2进2　　㉑兵九进一　士6进5
㉒仕六进五

保持相持的局面，在更好的机会出现前，暂时不做调整。

㉒……　　　马1退3　　㉓车六进二　马6进7
㉔炮六平七　马7退5　　㉕车六平八　马5进3

考虑到如果车2进1，则兵九平八，马3进4，炮七进四，卒5进1，兵七进一，红方双兵过河后，黑方在残局阶段的防守压力有些大。黑方选择了先跳马，以后通过卒3进1来逼兑红车。

㉖马九进八　卒3进1　　㉗车八进一　后马进2
㉘马八退七

红方退马，接下来伏有兵九平八，马2退3，兵七进一，卒5进1，马七退五，象5进3，兵八平七破象的机会。

㉘……　　　卒3进1
㉙相五进七　马3退5（图18）

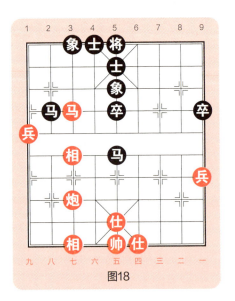

图18

行棋至此，双方形成局面平稳的细棋，在这样的形势下，棋局如何发展是最考验棋手功力的。当前局面下黑方2路马位置欠佳，最佳的方向是通过马2进1改善弱马的位置，把棋局争夺的焦点引向红方阵地，而不是被动苦守。以下红方炮七平一，则马1进2，马七进六，卒5进1，相七进五，马2退4，以后借机卒5进1，利用双马卒与红方进行纠缠，黑方形势不差。

㉚ 兵九平八　马2退3　㉛ 马七进六　象5进3

黑方飞象是坏棋！此时宜走马5退4进行防守，以下兵八进一，士5退6，马六退四，将5进1，黑方局势尚可。

㉜ 兵八平七

红方白吃一象，黑方的损失巨大。

㉜……　　象3进1　㉝ 兵七进一　象1进3

㉞ 炮七平八

平炮以后，红方马炮兵三子归边，并且兵入腹地，黑方已经不好防守了。

㉞……　　马3进1　㉟ 炮八进五　象3退5

㊱ 兵七进一　象5进3　㊲ 炮八进一

红方进炮，伏有兵七平八捉死马的棋。

㊲……　　马5退4　㊳ 兵七平八　马1退2

㊴ 马六进八　马4退2　㊵ 炮八平七　象3退5

㊶ 马八退六　卒5进1　㊷ 炮七退一　马2退3

㊸ 马六退七

红方退马捉双，黑方大势已去，遂投子认负。

"高新高港杯"第八届全国象棋青年大师赛

"高新高港杯"第八届全国象棋青年大师赛，由中国象棋协会、泰州医药高新技术产业开发区管委会（泰州市高港区人民政府）主办，本次比赛男子组包括两个阶段，第一阶段采用五轮积分编排赛，前四名进入第二阶段的淘汰赛。女子组则是通过七轮单循环赛决出最终名次。

男子组的五轮积分编排赛结束之后，王天一、孙逸阳、王昊、赵玮排名前四位，挺进淘汰赛。半决赛中，王天一战胜赵玮，昂首挺进决赛。孙逸阳与王昊慢棋、快棋均弈成和棋。附加赛中，孙逸阳战胜王昊，拿到另一个决赛资格。

在男子组决赛中，王天一击败孙逸阳获得冠军。在季军争夺战中，赵玮通过快棋加赛击败了王昊。

在女子组比赛中，董嘉琦和李沁在前六轮结束后同积8分处于第一集团。最后一轮李沁击败董毓男，董嘉琦负于王文君，王子涵击败沈思凡。最终李沁获得女子组冠军，王子涵获得亚军，王文君获得季军。

第10局　杭州 王天一 胜 江苏 孙逸阳

①相三进五　卒7进1

王天一特大先手飞相，是准备较量全盘功力。如何应对飞相局，一直是棋手们研究的重要课题。孙逸阳特大抢进7卒，既可为左马开路，又在试探红方的布局战略意图，从而确定策略，灵活多变。

②炮二平三　象7进5

黑方飞象削弱红方底炮的效率，并且增加了一个马8进6的选择。

③马二进一　卒3进1

进3卒是近年创新的走法。以往黑方会选择马2进1的下法，待红方车一平二后再卒9进1，控制红方一路边马。实战中黑方进3卒，为马2进3进正马预留前进路线。

④车一平二　马8进6（图19）

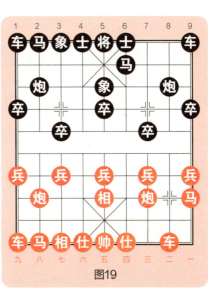

图19

进马是一步改进着法，在此之前黑方多走炮8平6，以下马八进七，马2进3，车九进一，士6进5，车九平六，炮2平1，兵三进一，车1平2，炮八平九，卒7进1，相五进三，马8进9，黑方跳边马，在左翼形成一个类似单提马直车的阵形结构，守强但攻弱。实战中的走法最直观的好处在于双马的位置发生了本质的变化，攻守更加平衡。

⑤ 马八进九　马2进3　　⑥ 车九进一　车1进1
⑦ 车九平四　车1平4

黑方平车占据肋线，保持对抗之势。总体来说，黑方至此布局满意。这里还有一种走法是车9平8，则车二进四，马3进4，兵一进一，炮2平4，兵九进一，红方两个边兵挺起来，双边马的位置转好，潜力很大，黑方要亏一些。

⑧ 车四进三

红方双车必然要有一个车占据巡河线，以解决双马呆滞的问题。相对车二进四而言，车四进三要更好一些，保留了车二进六的机会。

⑧ ……　　　车9进1

孙特大高车的构思颇为有趣，准备利用马6退8再车9平6邀兑红方肋车。

⑨ 仕四进五　马6退8　　⑩ 兵一进一　车9平6
⑪ 车四平五　车6平8

同样是保炮，不如改走车6进1更为轻灵，以后红方如兵七进一，则车4进3，黑方6路车不受牵制。

⑫ 兵七进一　卒3进1　　⑬ 车五平七　炮8平9
⑭ 炮三平二

黑方继续邀兑车，希望简化局面，红方仍然避兑保留变化。两位特级大师对弈时的心态尽在棋中。

⑭ ……　　　马8进6　　⑮ 马一进二　车8平7
⑯ 炮八平七　车4进1　　⑰ 车七进二

在红方的连续攻击下，黑方子力受到拴牵，六个大子排成两条直线，阵形缺少弹性。

⑰ ……　　　炮2退1

退炮增加棋形的弹性，这也是黑方最直观的选择。

⑱ 车七平八　炮2平1　　⑲ 车二平四　士6进5
⑳ 车八进二　炮1进5　　㉑ 车八平六

破坏黑方的"铁桶阵",看似厚实的防守在红方的撕扯下,已逐渐露出破绽。

㉑……　　象3进1　　㉒车六退一　炮9平4
㉓马九进七　象1进3　　㉔马七进九　马3退1
㉕炮七平八

此时黑方非常难受的地方在于自己的防守已经失位了,且失去主动调整弱点的机会,只能在红方的攻击下被动防守。

㉕……　　卒1进1　　㉖炮八进七　马1退3
㉗马九退七　炮1平5　　㉘马七进六　炮5退2
㉙车四进四

红方高车之后,伏有炮八退一再炮二平四的攻击手段。

㉙……　　炮4进1　　㉚炮八退一　炮4退2
㉛帅五平四（图20）

红方出帅,保留相五退三后再炮二平七的攻击手段。当然,此时红方也可以直接走炮二平四发动攻势,黑方同样不好应对。

㉛……　　马6进7
㉜马二进三　车7进2
㉝炮二进七

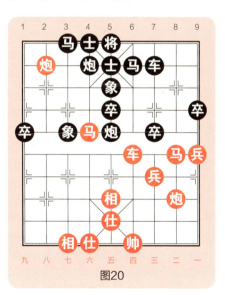

图20

黑方虽然解决了车马的弱点,但是红方沉底炮后直接叫杀,黑方又面临着红方新一轮的打击。

㉝……　　士5进6
㉞车四进三　炮4进2　　㉟炮八退二

红方退炮,不给黑方车7平6兑车的机会。

㉟……　　马3进4　　㊱炮八进三　马4退3
㊲车四进二　将5进1　　㊳车四退一　将5退1
㊴炮二平六

以下黑方如车7平6，则车四退二，炮4平6，炮六退三抽吃黑炮。黑方如选择不兑车，红方又可以炮六退一发起强攻，黑方同样难以应付。至此，黑方投子认负，红胜。

第11局　河南 何文哲 负 杭州 王天一

① 相三进五　炮8平6

以士角炮应对飞相局，是近年来较流行的下法。其主要特点是棋形严整，适宜打持久战。

② 兵七进一

红方挺七路兵，意在克制黑2路马的出路，具有针对性。

②……　　　马8进7　③ 马八进七　车9平8

④ 马七进六

当前局面下，红方马七进六的选择要比炮二平三的走法更协调。如炮二平三，则车8进8压马，虽然这着棋不足以让黑方确立多大的优势，但是足以让黑方在布局中赢得时间，以下炮八进二，炮2平3，车九进一，车8退4，马七进六，炮6平5，红方中兵失去保护，黑方取得均势的局面，布局满意。

④……　　　炮2平5

黑方立刻架中炮攻，针对性很强。

⑤ 车九平八　马2进3（图21）

进马开通右翼子力正着。黑方常见的误区是选择炮5进4先占实惠，这样的下法会导致黑方出子速度落后，红方满意。试举一例：炮5进4，仕四进五，马2进3，炮八平七，炮5退1，马二进一，炮6

进5，车一平四，车8进7，车四进二，车8平6，炮七平四，黑车晚出且双马位置较差，红方先手。

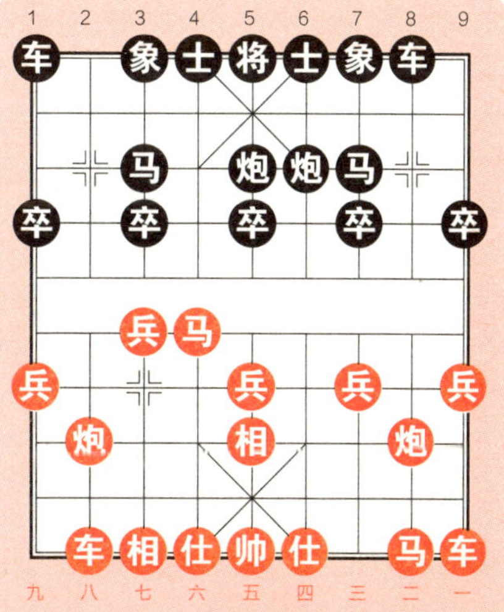

⑥ 炮八平六　炮5进4
⑦ 仕四进五　炮5退1
⑧ 炮二平三　卒7进1

从中炮打兵再退炮削弱红方盘河马的效率，再到卒7进1挺卒活马，黑方这一串战术组合流畅而高效，盘活阵形。

⑨ 马六进七　象3进5
⑩ 兵三进一　车8进4

图21

高车是当前局面下应对红方三路线突破的常用手段。黑方如马7进6就显得慌不择路了，以下兵三进一，象5进7，车八进五，炮5退1，车八退二，红方利用一个顿挫战术压缩了黑方空间，同时又为八路车赢得一个占据要道的机会。

⑪ 炮三退二

红方退炮伏有兵三进一，车8平7，马二进三的攻击手段。

⑪ ……　　　卒7进1

王特大这里实施了一个先弃后取战术，获得优势。由此可见，红方上一着炮三退二诱敌深入的计划并不好，应走车八进三，试探黑方应着。以下黑方如马7进6，则炮六进三再牵制，车8退4，兵三进一，象5进7，马二进一，以后红方有机会走马一进三用"呆马"兑换黑方活马，红方仍持先手。

⑫ 炮三进七　车1进1

黑方上一回合弃马过卒，现在起横车准备夺炮。

⑬ 车八进三　车1平7　　⑭ 车八平五　炮5退1
⑮ 炮三平五

红炮已无处可逃，只能实现利益的最大化，以炮换象。

⑮……　　炮 5 退 2　　⑯车五平四　士 4 进 5

⑰马二进一

中局过半，红方右翼子力刚刚开动，形势已经落后不少。

⑰……　　卒 5 进 1　　⑱车一平三

如果直接用马换炮，虽然能减轻中路的压力，但是红方子力位置差，显然不能接受这样的结果。

⑱……　　卒 5 进 1　　⑲车四进三　车 8 平 7

⑳炮六平七　卒 7 平 6　　㉑车三进五　车 7 进 3

黑方双卒过河在红方阵地中楔入尖兵，红方防守压力大增。

㉒兵一进一

进边兵准备调整马位，但是不够简明。红方可以直接马一退二再马二进三来加强防守。

㉒……　　炮 5 进 1

黑方进炮拦截好棋，红方此时已经很难处理了。

㉓马一进二（图 22）

单从着法来看，这着棋是一步顽强防守的好棋。这着棋以后，有车四退一的巧手，黑方续走卒 5 进 1，车四退一，此时如车 7 平 6 选择兑车，则马二进四，炮 5 进 2，马四进二，马 3 进 5，马二进三，炮 6 退 1，马七退五，红方足可抗衡。又如黑方选择车 7 退 2 不兑车，则车四平五，车 7 平 8，马二退三，卒 6 进 1，马七退六，炮 5 退 1，兵七进一，红方同样足可抗衡。但是实战中，红方的计划却是想通过马一进二再马二退三来加强防守，显然这个计划是错误的。也就是在上一回合兵一

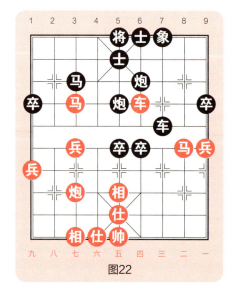

图22

进一时指出的这个计划不够简明的原因所在。

㉓……　　　　卒5进1　　㉔马二退三　卒5进1

红方调整过于迂回，给黑方从容进攻的时机。

㉕相七进五　卒6平5　　㉖马三退四　车7平4

黑方准备车4退1强行得子。

㉗车四平一

平车杀卒准备下一着车一退一邀兑，这也是没有办法的办法。如马七退八，则车4退1叫抽车，红方还要车四退一，以下马3进4，兵七进一，马4进6，马八进六，炮5进4，马四进五，马6进5，红势同样崩溃。

㉗……　　　　卒5进1　　㉘车一退一　车4退1

㉙兵七进一　卒5进1　　㉚马四进五　车4进4

进车捉双，红方以无力抵抗，黑胜。

2023年全国象棋甲级联赛

2023年全国象棋甲级联赛于5月至12月举行。比赛分为常规赛和季后赛两个阶段，在常规赛获得前8名的队伍晋级季后赛。

常规赛采用双循环制，共比赛22轮，最终四川队夺得常规赛冠军，深圳队获得常规赛亚军，河南队收获季军，杭州队排名第四，京冀联队、广东队、厦门队、上海队位列第五至八名，排名第11的梅州队和排名第12的浙江波尔轴承队降级。杭州队王天一、河南队汪洋在22轮比赛中都取得20胜，并列获得常规赛"最有价值棋手"称号。

季后赛采用淘汰制。常规赛前8名参加季后赛，按名次定位。胜者晋级，败者按照常规赛名次排定季后赛最终名次。在决赛轮杭州队以3比1的场分比击败了常规赛冠军四川队，成功卫冕。杭州队王天一获得季后赛"最有价值棋手"称号，成就象甲史上第一位同时在常规赛和季后赛同时获得"最有价值棋手"称号的棋手。

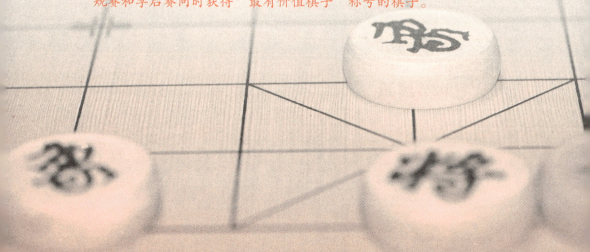

第12局　杭州 黄竹风 胜 深圳弈川 洪智

① 炮二平五　马8进7　② 兵三进一

立即进兵制黑马头，是有准备的、带战略性的一种下法。从局部来看，这一步棋，既走活了自己的马路，又限制了黑马的活力，是一着两用的好棋。但从全局出子的速度来看，特别是出右车的速度慢了一步，这是它的不利之处。

②……　　车9平8　③ 马二进三　炮8平9

黑方左炮平边，布成三步虎阵式，是后手方的一种积极应法。

④ 兵七进一

进七兵形成两头蛇阵形，这是黄竹风大师比较喜欢的走法。除此之外，红方最常见的走法是马八进七，卒3进1，炮八进四，马2进3，炮八平七，车1平2，车九平八，炮2进2，以后红方可以选择炮七平三或车八进四，都可持先手进入到中局的战斗中。

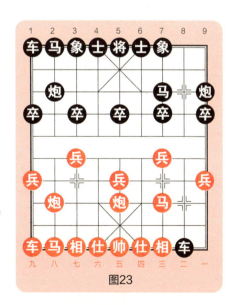

图23

④……　　车8进4

黑方高车巡河，随时兑卒活马。

⑤ 车一平二　车8进5（图23）

接受兑车是近年流行的下法。20世纪90年代曾流行车8平2的走法，意图通讨兑炮保留巡河车来应对红方的两头蛇。双方大体变化为车8平2，炮八进五，炮9平2，马八进七，象3进5，兵五进一，马2进4，马七进五，卒3进1，车二进六，这个阵形黑方子力集中于右翼，而红方则从黑方左翼和中路寻求突破，黑方一旦应对失误，局势不好控制。因此近年来黑方多选择车8进5兑车，黑车虽然一子多动，但是红方多走一步兵七进一，大子出动速度同样要缓一些，黑方不亏。

⑥马三退二　炮2平3

平炮瞄兵遥控红方七路线，这是洪智特大本局祭出的一把飞刀。这着棋有利之处在于逼红方跳边马，不利之处在于同样延缓了黑方右翼的出子速度，可谓是利弊参半。

⑦马八进九　卒1进1

黑方挺边卒准备大出车，解决右翼车马展开的问题。

⑧车九平八　卒1进1　　⑨兵九进一　车1进5

⑩炮八进四　车1退1

红方炮八进四准备实施空头炮的打击。黑方要如何应对是一个值得探讨的问题。首先黑方不能走卒3进1，否则红方顺利炮八平七，黑方只能炮3平2，红方再炮七平三，则士6进5，炮三进三，卒3进1，炮三平一，这个变化中红方不仅仅是多得一象的问题，更主要的是黑方防线出现漏洞，红方有多种进攻方案可以获得优势。其次就是在红方确立占据空头炮的情况下如何出子，显然实战中黑方的走法是不能遏制红方空头炮优势的，黑方应改走马2进1，则炮八平五，马7进5，炮五进四，车1退1，黑方足可一战。实战中选择先退车，实际上是一步误算。

⑪炮八平五　马7进5　　⑫车八进九

红方中炮引而不发，吃掉底马，迅速扩大优势。由此可见，黑方第10回合退车时可能考虑红方此时会走炮五进四，则车1平5，马二进三，马2进1，炮五平一，这样黑方可驱离中炮，但由于漏算了红方的最佳应法，导致对局势的发展出现了误判。

⑫……　　车1平6　　⑬炮五进四　车6平5

⑭ 车八平七

红方平车吃象紧凑有力，正打在黑方的痛处上。

⑭……　　炮 3 平 8　　⑮ 车七退三

红方确立了多子的优势。

⑮……　　炮 8 进 6　　⑯ 马九进八　炮 9 平 8

⑰ 兵七进一（图 24）

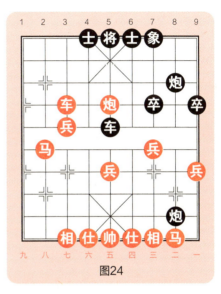

图24

冲七兵弃马是红方进攻的精华。以这个过河兵为纽带，红方的进攻快速展开。这着棋也是初、中级爱好者要借鉴和反思的。为什么职业棋手的进攻会如行云流水一般，而初、中级爱好者的进攻往往会无功而返？根本原因是职业棋手的进攻是整体性的。所谓的整体性就是进攻时机、进攻子力、进攻空间三者同时兼备才会发起，而初、中级爱好者的进攻往往局限于现有子力，且计算深度和精度不足，进攻的时机抓不准，所以攻势受阻的概率很大。

⑰……　　炮 8 进 7　　⑱ 马八进六　车 5 平 6

⑲ 仕六进五　车 6 进 4　　⑳ 炮五退二　后炮平 5

黑方放出胜负手，除此之外也别无他法。

㉑ 炮五退三　士 6 进 5　　㉒ 车七平四

好棋，化解黑方最后偷袭的可能后，红方多子占势，黑方认负。

第13局 杭州 王天一 胜 浙江 赵鑫鑫

①兵七进一　炮２平３　　②相三进五　象３进５

以往的对局中，黑方此时多走炮８平５直接威胁红方中路，以下马八进七，马８进７，马二进四，车９平８，双方正常开展子力。实战中，面对实力强劲的王天一特大，赵特大这里选择了逆象的走法，有意避开流行布局的变化，准备与对手较量中残局力量。

③兵三进一

冲三兵的作用是保持双马灵活出击，红方有意形成快马、缓开车的局面。

③……　　马２进４　　④马八进七　车１平２

⑤马七进六　马８进９

红方的布局计划是快速跳起双马，暂缓出动双车。黑方针锋相对，拟定的布局计划是快速把双车投入到战场。跳边马的意义就在于以后可以车９进１再车９平６，形成直横车的配置。此时黑方如车２进６试图攻击中兵来寻找战机，红方可以炮八平六抢攻在先，以下车２平４，马六进四，车４退２，炮六进六，车４退３，车九进一，车４进３，车九平四，黑车行动步数过多，布局不利，红方稍优。

⑥炮八平六　车９进１　　⑦马二进三　卒９进１

黑方冲边卒以后保留马９进８，炮二进五，炮３平８这样调形的机会，改善９路马的位置。

⑧车九进一（图25）

红方高车灵活，计算深远。此时黑方就无法再走马９进８了，否则炮二进五，炮３平８，车九平四，车２进６，车四进四捉马，黑方阵形将被红方冲散，红方子力位置占优。

⑧……　　　车9平6

⑨车一进一　车2进7

此前我们分析过，红方横车的存在迫使黑方无法实施马9进8兑子调形的计划。因此黑方只能改为选择车2进7来打开局面。

⑩车一平六

红方平车保炮好棋，伏有车九平八兑车的机会。

⑩……　　　卒3进1

箭在弦上，不得不发。黑方如想着利用炮3平2来防止红方

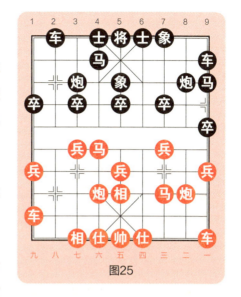

图25

车九平八兑车抢先的计划，红方可顺势兵九进一再兵九进一，九路车可以从边路杀出来。

⑪兵七进一　炮3进7　　⑫仕六进五

红方虽然少一相，但是黑方后续子力不能及时跟进，红方仍是优势。

⑫……　　　炮3退3

黑方只能先退炮，如象5进3，则车六平七，炮3平2，车七进四吃象，红方大优。

⑬车六平八　车2进1　　⑭车九平八　炮3平9

⑮车八进七

红方如愿抢到进车捉马的先手后，黑方彻底失去了主动防御的能力。车、马受牵成为黑方最大的痛点。

⑮……　　　炮8退1　　⑯炮二进四　炮9进3

⑰相五退三　马9退7　　⑱车八平六（图26）

眼见黑方子力位置呆板，红方果断进行交换，交换的依据就是下一着可炮二平五，发挥空头炮的优势，对黑方展开进攻。

⑱……　　　车6平4　　⑲炮二平五　象5进3

黑方只能用象飞兵解杀，如车4平5，则炮六平八再炮八进七闷杀。

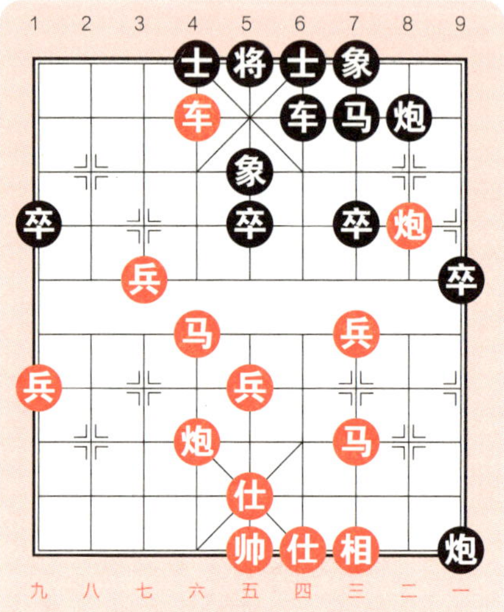

⑳ 炮六进六　炮8平4
㉑ 马六进四　马7进9
㉒ 马三进四

利用空头炮的控制作用，红方加快子力跟进，对黑方形成巨大的威胁。

㉒……　　　马9进8
㉓ 后马进六　炮4进1
㉔ 炮五退二　炮9退4
㉕ 兵三进一

红方弃兵好棋，使中炮更加稳固。

㉕……　　　卒7进1　　㉖ 马六进四　炮4平7
㉗ 相三进一　炮7进1　　㉘ 前马进三　将5进1
㉙ 马四进五

黑方失子失势，主动认负。

图26

第14局　上海 孙勇征 胜 京冀联队 蒋川

① 兵七进一　炮2平3　　② 炮二平五　象3进5
③ 炮五进四

红炮击中卒，获取实惠，虽然实战中出现得不多，但也是一种选择。这样以后与黑方在残局的搏杀之中，红方可拥有物质优势。

③……　　　士4进5

本局黑方选择补右士，保留出贴身车的可能性，如改走士6进5，则另有不同变化。

④ 车一进二

同样是起横车，车一进二的好处在于以后右车占肋后，不影响相七进五调形，这一特质是车一进一所不具备的。

④……　　　卒3进1　　　⑤ 车一平六　卒3进1

⑥ 相七进五　车9进1（图27）

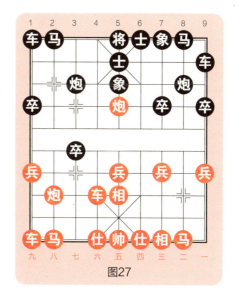

图27

黑方起横车以后准备车9平6占肋，这是黑车投入战场最快的线路。实战中黑方还有卒7进1的选择，以下炮五退一，卒9进1，车六进四，马2进1，马八进六，红方子力出动速度快，布局满意。

⑦ 炮八进六　炮8退1

⑧ 炮八退七

退炮时红方多退一路，以后利用八路马作炮架，一着两用，构思精巧。

⑧……　　　炮8进5　　　⑨ 马八进六　车9平6

⑩ 马六进八

红马曲径通幽，顺利抵达了一个理想的位置。

⑩……　　　车6进2　　　⑪ 炮五退二　炮8平5

⑫ 仕六进五　卒3进1　　　⑬ 马二进三　车6平5

要不要保留中炮是一个战略性的问题。从实战的进程来看，黑方不如及时放弃中炮，改走炮5平6保持在红方兵林线的牵制。以下马八进七，车6平5，兵三进一，炮3进2，炮八进三，炮6平7，双方对峙。

⑭ 炮五平九　马2进1　⑮ 马三进五　车5进3

黑方中炮被交换以后，黑方大子晚出的弱点就暴露了出来。

⑯ 马八进七　车5退3　⑰ 车六进四

红方进车逼兑好棋，削弱黑方卒林线的防守作用。

⑰ ……　　马8进7　⑱ 车九平六　卒1进1（图28）

败着！黑方此时应走车1平2，以下炮八进五，马1进3，逼迫红方进行交换，以下前车平五，马7进5，车六进六，炮3进3，车六平七，炮3平5，车七平五，炮5平2，下一着卒1进1捉死红炮，黑方足可抗衡。

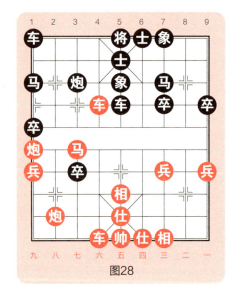

图28

⑲ 炮九进三　车1进2

⑳ 马七进八　炮3平2

临场孙特大认为现在已经控制了局面，没有再与黑方进行过多的纠缠，选择直接兑车。就当前局面而言，红方还有一步炮八进四的巧手，以下车1退2，炮八进二，车1平2，前车平五，马7进5，车六进六，车2进2，车六平五，红方多子占优。

㉑ 车六平五　马7进5　㉒ 车六进六　马5进6

㉓ 炮八进三

红方进炮准备占据中炮，发挥八路马和肋车的攻击作用。

㉓ ……　　马6进4　㉔ 炮八平五　车1退1

㉕ 帅五平六

红方出帅是巧手，黑马不敢离线。

㉕ ……　　车1平2　㉖ 炮五进二　炮2平3

㉗ 相五退七

红方先退相，确保以后退马时，不给黑方车2进8在底线将军的机会。

㉗……　　　炮3进7　　㉘马八退六　车2进8

㉙马六进八

红方放黑方车炮沉底，算准后续对攻中自己能棋快一着。

㉙……　　　炮3平6　　㉚帅六进一　炮6退1
㉛仕五退四　车2退1　　㉜帅六进一　车2进1
㉝帅六进一　马4进6　　㉞炮五退四　车2退1
㉟帅六退一（黑方认负）

第15局　深圳弈川 洪智 胜 杭州 赖理兄

①炮二平七

面对越南全国冠军赖理兄，洪智特大选择先手金钩炮布局，有意避开流行变化，企图出奇制胜。金钩炮这种布局是集双炮双车一马到一翼，在这一翼形成优势兵力，但缺点是容易在这一翼形成子力拥塞的情况，而另一翼则只有一马，子力单薄，这样的结构往往会使阵形显得非常不协调。因此，这类布局在正式比赛中很少出现。

①……　　　卒7进1

黑方冲7卒是很有针对性的走法。在金钩炮布局中，红方只有右马有机会保护中兵，黑方先进7卒可以发挥制马作用，意图明确。

②马二进三　马8进7　　③车一平二　车9平8
④车二进四　炮8平9　　⑤车二平四　士4进5（图29）

前面几个回合的较量，双方的着法都比较中规中矩。但是此着黑方补士体现出越南棋手对局面的独特理解。黑方行棋意图是利用士作掩护，通过炮2平6右炮左调在红方右翼形成优势兵力。国内的棋手在当前局面下多选择车8进8，以下仕六进五，马7进8，炮七退一，车8退2，相七进五，炮2平7，可迅速在红方右翼形成一个对峙的局面。

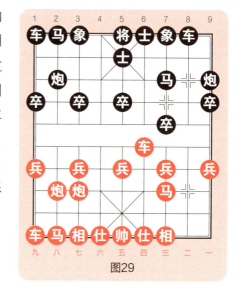

图29

⑥ 相七进五　炮2平6
⑦ 兵九进一　马2进3
⑧ 马八进九　象3进5

双方布局已毕，黑方棋形厚实。虽说此时黑方阵形对红方缺少压迫感，但其工整的棋形以及合理的结构，充分体现出越南棋手深厚的布局功力。

⑨ 马九进八　卒3进1　⑩ 仕六进五　炮9退1

退炮这着棋构思精巧，下一着马7进6时，红方如车四进一吃马，则炮9平6打车，红车只能被迫再走车四进二吃炮，形成一车换双的局面。这样的结果，黑方无疑是非常满意的。

⑪ 车九平六

平车不是理想的破解方案，不过却是最符合洪特大战斗风格的选择。理想方案是利用黑方6路炮给3路马生根的特点，兵七进一冲兵攻击3路马，以下黑方如仍走马7进6，则车四进一，炮9平6，车四进二消灭黑马的根子，黑方士5进6吃车，红方则兵七进一冲兵过河，黑方只能马3退5逃离，红方再兵七进一，稳占先手。

⑪ ……　　　马7进6　⑫ 车四平五　马6进7
⑬ 车五平六　炮9平7

在黑方的连续攻击下，红车只能占据肋线，黑方已然反先。不过实战中黑方平7路炮的选择又给了红方透松局势的机会。此时更严厉的走法是卒1进1，则兵九进一，车1进4，兵七进一，马7退6，前车平五，车8进3，兵七进一，车1平3，炮七进五，车3退2，黑方子力占位好，对局面控制力更强。

⑭ 兵七进一　马7退6　⑮ 车六平五　卒7进1
⑯ 兵七进一

上一着黑方卒7进1的选择把红方逼入绝境，红方只能选择兵七进一与黑方对攻。

⑯ ……　　卒7进1　⑰ 马三退一　车8进8
⑱ 炮七退一　炮6平7　⑲ 相五进三

飞相解杀后，黑方攻势被化解，突然间失去目标。棋谚云："棋不走净"就是这个道理。当全部的进攻都被化解了，那么棋局将只能进入一个由攻转守的阶段了。当前的局面就是处在这样的临界点上，让黑棋非常难受。

⑲ ……　　卒5进1

黑方冲卒过于勉强，可以走车8退5先守一着。

⑳ 车五进一　卒7平6　㉑ 相三进五　车8退4
㉒ 炮七进六　前炮平3　㉓ 兵七进一

交换以后，红方顺势冲兵捉炮，黑方后防已经很不好处理了。

㉓ ……　　炮3平4
㉔ 车六进五　车8进4
㉕ 车五平四　车8平9
㉖ 车四退二（图30）

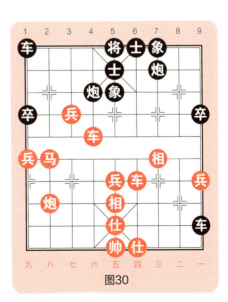

图30

吃卒的同时又困住黑方9路车，红方的优势进一步扩大。回过头来我们反思黑方由优转劣的过程，就是在第19回合卒5进1这着棋出现了问题，但究其根源则是黑方对当时局面的判断出现了失误。

㉖……　　炮7平9　　㉗相三退一　车9平8
㉘兵五进一　车8退3　㉙车六平五　士5进6
㉚兵七进一

从这着兵七进一开始，洪智特大的进攻一气呵成。

㉚……　　炮9平5　　㉛车五平八　炮5平6
㉜车四平六　炮4退2　㉝车八进四

先手兑车，以后红方四子归边，黑方已败局难挽，投子认负。

第七届"吉视传媒·力旺杯"象棋全国冠军南北对抗赛

第七届"吉视传媒·力旺杯"象棋全国冠军南北对抗赛，2023年7月27日至30日于长春市文化广场举行。根据棋手户籍所在地，以长江为界，分为南北两队，每队4名全国冠军棋手。

北方队四位象棋特级大师是王天一、洪智、汪洋、蒋川，南方队四位象棋特级大师是赵鑫鑫、谢靖、吕钦、孙勇征。最终南方队6比2击败北方队，获得冠军。

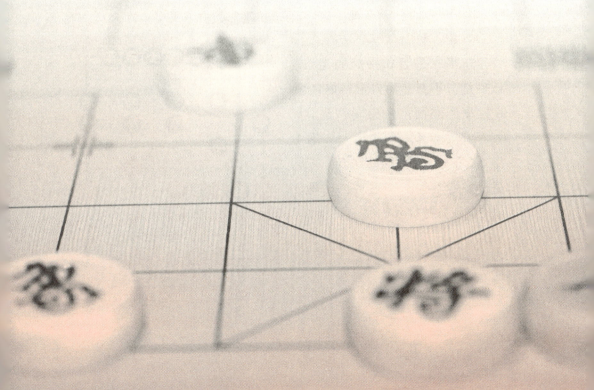

第16局 南方队 赵鑫鑫 胜 北方队 蒋川

① 炮二平五　马8进7　② 兵三进一

红方挺起三兵抢占先机，引领双方接下来布局的方向，是一种以我为主的策略下法。如改走车一平二，则使黑方有了选择的余地。

②……　车9平8　③ 马二进三　炮8平9
④ 马八进七　卒3进1　⑤ 炮八平九

双方弈成了一个十分常见的布局，红方此时最流行的着法是炮八进四，以下马2进3，炮八平七，车1平2，车九平八，象3进5，车八进四，车8进4，局势平稳。受赛事积分的影响，赵鑫鑫特大想尽快展开攻势，他毅然走出了炮八平九这步容易引起对攻的着法。

⑤……　马2进3　⑥ 车九平八　车1平2
⑦ 车一进一

起横车是近年兴起的走法。以往红方不愿让黑方走到炮2进4封车的局面，多走车八进六，以下炮2平1，车八平七，炮1退1，车一进一，士6进5，兵五进一，炮1平3，车七平六，马3进2，双方对攻激烈。

⑦……　炮2进4
⑧ 车八进一　象3进5
⑨ 车八平六（图31）

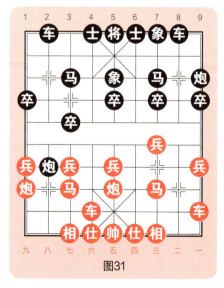

图31

红方选择左车占肋，这着棋是由孟辰特级大师在2022年"上海杯"上首次弈出的着法。以往红方会选择车一平二或者车八平二邀兑黑方8路车。孟辰特大认为，即使红方兑掉黑方8路车，但是双方攻防的主要方向仍在红方左翼（车一平二，车8进8，车八平二，马3进4，炮九进四，马7退5，车二平六，马5进3），那么红方可以考虑暂时不兑车，直接走车八平六抢占肋线，更有利于红方的发展。

⑨……　　　车2进5　　⑩**车六进六**　马7退5

⑪**车六进一**　卒7进1

实战中蒋川特大率先变着。在孟辰与赵玮大师的一场对决中，赵大师选择了车2平7的下法，以下车一平六，炮9退1，前车退二，马5退3，前车平八，炮2退2，兵五进一，车7进1，马七进五，红方主动。蒋特大兑卒的意图就是红方如兵三进一，则炮9平7，车一平六，炮7进5，与红方展开对攻。

⑫**车一平六**　马5进7　　⑬**兵三进一**　车2平7

⑭**炮九进四**（图32）

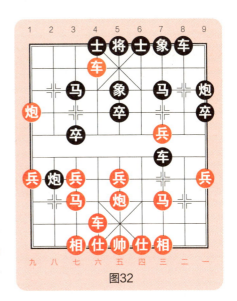

图32

红方炮打边卒好棋，黑方3路马防守负担过重的弱点凸显出来。黑马吃炮，则红方双车有杀棋；黑马不吃炮，红方边炮沉底，黑方仍不好处理。由此可见，黑方马5进7跳出窝心马的选择虽然改善了窝心马的位置，但是损失了防守的厚度。黑方上一回合正确的走法是炮9退1，前车退二，马5退3，炮五进四，炮9平5，炮五进二，士6进5，黑方防守更严密，足可抗衡。

⑭……　　　士6进5　　⑮**炮九进三**　炮2退6

⑯**前车平七**

黑马是至关重要的防守子，不拔去这个子，红方后续进攻无法开展。

⑯……　　　车7进2

黑方不能马7进6强行保子，否则红方可车七退一弃车抢攻，以下炮9平3，炮五进四！红方有杀棋。

⑰车七退一　车8进5　　⑱车七进二　车8平2
⑲兵七进一

红方进兵，先抢一步先手，试探黑车的动向。

⑲……　　　车2退3　　⑳马七进六　卒3进1
㉑马六进四

这里红方见进攻时机已经成熟，进马邀兑，准备利用天地炮杀法入局。

㉑……　　　马7进6　　㉒炮五进四　将5平6
㉓车七平六

红方杀士是妙手，体现了赵特大的精准算度。

㉓……　　　将6进1

黑方如士5退4，则车六进八，将6进1，车六平四，绝杀。

㉔车六进七　马6退7　　㉕后车平五（黑方认负）

第17局　北方队 洪智 胜 南方队 孙勇征

①相三进五　炮2平4

先手飞相是一种全面较量实力的开局，黑方应以士角炮，两翼子力均衡发展，伺机而动。

② 车九进一

红方起横车，是对直车局的改进，不仅下一着平车捉炮能抢一步先，而且避免了直车局引起的兑车，更富于变化。

② ……　　马2进3

黑方右马正出，可加强对抗之势，姿态积极。如改走马2进1，则稳健有余而反击力不足。

③ 车九平六　马8进7　④ 马八进九　士6进5

黑方补士静观其变，应法含蓄。

⑤ 兵三进一

红方挺三兵活通右马，灵活之着，如改走兵九进一，则卒1进1，红方无益。

⑤ ……　　车1平2　⑥ 炮八平七　象7进5（图33）

飞象是老谱翻新的走法。最早是在1995年"嘉宝杯"广东上海对抗赛上，由吕钦特大所采用的一着棋。现代布局理论认为，黑方连续补士象阵形虽然厚实，但是布局节奏偏缓。因而当前局面下黑方多先走车2进4，则兵七进一，炮4平6，马二进三，象7进5，车一平三，卒1进1，双方对峙。

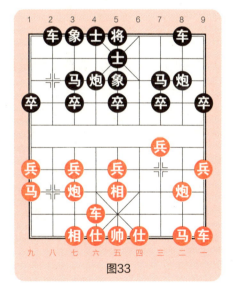

图33

⑦ 车六进五　车9平6
⑧ 车六平七　马3退1
⑨ 马二进三

红方如车七平九扫卒，黑方则车2进8弃子抢攻，以下仕四进五，马1进2，马二进三，炮4平1，黑方可以针对红方左翼车马位置活动不便的弱点施加压力，达到互相牵制的目的。

⑨ ……　　车2进3　⑩ 车七退二　炮8进2

⑪ 车七平六

黑方升炮巡河，准备炮8平3牵制红方车炮，红方先平车避让，稳健。

⑪ ……　　　车2进1　　⑫ 仕四进五　　马1进2
⑬ 车六进二　　马2进4

黑方抢到马2进4这着棋后，布局取得均势局面，并且有反先之势。

⑭ 兵九进一　　卒1进1　　⑮ 兵九进一　　车2平1
⑯ 兵五进一

当前局面黑方阵形厚实，特别是车、马、炮三子在巡河线上控制力极强。红方现在要做的不是如何进攻，而是如何盘活后续子力。红方连续进兵就是要打开局面，找到一个子力调运的突破口。

⑯ ……　　　象3进1　　⑰ 兵一进一　　卒7进1
⑱ 兵三进一　　象5进7

看似孙特大这几着棋处理得稍显消极，但是取得了极好的防守效果，红方仍然没有突破口。

⑲ 车六平七　　象7退5　　⑳ 兵一进一　　炮8退1
㉑ 车七退二　　马4退2　　㉒ 车七进三　　卒9进1

黑方继续严防死守，考验红方的进攻能力。顺便提一句，双方首盘慢棋弈和，本局是双方的第二盘快棋之战。在快棋比赛中，处于进攻的一方的棋手，往往要花费大量时间去计算，而防守一方思路要相对简单一些，孙特大的这种防守的方法实际是一种非常节约计算成本的弈法。

㉓ 马九进八　　车6进6　　㉔ 炮七平八　　象1退3

黑方退象有些消极。可以考虑车6平7，则炮二退一，象1退3，炮二平三，车7平8，炮八进一，车8进2，炮八退二，炮8平9，车一平四，马7进8，黑方在防守中孕育反攻，车马炮三子屯兵于左翼，对红方有牵制。

㉕ 炮八进一　　车6退6　　㉖ 马三进五　　马2进4

㉗ 马八进六　车1平4　㉘ 马五进三　炮8进2
㉙ 兵五进一　卒5进1　㉚ 车一进五　车4平2（图34）

从后续双方行棋的进程来看，黑方此时走车4退1更稳健，后面犯错的概率更小。以下红方马三进二，则炮8平6，马二进三，炮6退4，车一平五，车6平8，炮二进一，车4平6，双方均势。就棋而论，平车拦炮也是有效的防守手段，只不过黑方的精力放在构建巡河线防守时，给了红方利用的机会。

图34

㉛ 炮八平九　马7进5
㉜ 车七退一　马5进7

马跳象尖也是理想的防守位置，但是我们仔细分析棋局，不难发现黑方防守阵形已经走散，不像前面那样厚实。之所以出现这样的情况，主要是孙特大心态发生了微妙的变化，孙特大已经不甘心死守，开始酝酿一些战术反击。

㉝ 车七平二　炮4进3　㉞ 炮二平四　炮4平5
㉟ 炮九进三

黑方心态的变化，是一柄典型的双刃剑，自己的防守阵形已经开始松动，红方同样会获得进攻的空间。

㉟ ……　　车6进6　㊱ 炮九平四

红方平炮拦车，黑方后防告急。

㊱ ……　　车2退1　㊲ 车一平三　车6退3
㊳ 车三进四

以下黑方如象5退7，则马三进四，黑方要想解围只能车2平6弃车砍马。至此，黑方投子认负。

第九届"杨官璘杯"全国象棋公开赛

"杨官璘杯"全国象棋公开赛是具有国际影响力的象棋赛事之一,素有"象棋小世界杯"的美誉。自2018年举办完第八届后受疫情影响停办,时隔五年之后,第九届"杨官璘杯"全国象棋公开赛2023年9月22～26日在广东东莞拉开战幕。本届比赛共有来自7个国家和地区的124名棋坛高手参加,比赛分设专业组、公开组(团体)、青少年组和海外组共计四个组别。

经过激烈的争夺,武俊强、徐崇峰、赵金成、许国义获得专业男子组1～4名;专业女子组吴可欣以九轮不败战绩夺冠,王文君、赵冠芳分获亚军和季军。青少年组中,廖锦添、刘盛强获得男子组冠亚军,张婷、周雨霏获得女子组冠亚军。东莞凤岗队、惠州惠东队、香港象棋总会分获公开组团体前三名。黎德志(马来西亚象棋总会)、武阮黄麟(越南象棋协会)、可儿宏晖(日本象棋协会)、吴洪顺(越南象棋协会)分获海外组1～4名。

第18局 黑龙江 陶汉明 胜 四川 赵攀伟

① 兵七进一　炮2平3　　② 炮二平五　象3进5

在黑方形成卒底炮后，红方再架中炮是符合棋理的，因黑方中路已相对薄弱了。现黑方放弃中卒而起右象争取出子速度。这一对抗方案构思精巧，近十余年已发展成流行布局之一。

③ 马二进三

红方不顾黑方下一着进3卒的争先之着，采取快出右翼子力的战术。以兵为代价达到快出子力的目的，是现代兵炮布局的一个特点。

③ ……　　　卒3进1　　④ 车一平二

红方以放黑卒过河为代价，加快强子出动步伐。

④ ……　　　卒3进1

⑤ 马八进九　车9进1

黑方起左横车是积极应法，准备平右肋展开对攻。

⑥ 车九平八（图35）

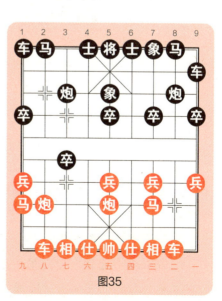

图35

红方出左车，放黑车过宫，红方左翼成为战局的焦点。以往为了阻止黑车过宫，红方多会选择炮五进四的走法，以下士4进5，兵五进一，马2进4，兵五进一，车9平6，马三进五，车6进4，炮八平五，红方左车护住底线暂不投入战斗，从中路对黑方形成压力。

⑥……　　　车9平4

黑方左横车快速过宫，强化了右翼和中心区域，使局面更具弹性。

⑦仕六进五

红方补左仕巩固阵地，是一种含蓄的着法。

⑦……　　　士4进5

黑方补士可防止红炮先手叫将吃卒，也是一种不错的选择。

⑧车二进四

红方先前为了快出右车而放黑卒过河，现在捉卒，希望能将其消灭以除后患。

⑧……　　　车4进4　　　⑨炮八进二

红方升炮打车是巧着，也是本布局红方争先的关键着法。黑方如接走车4退2，则炮八平九，马2进1，车八进七，红优。

⑨……　　　车4平8　　　⑩炮八平二　　　炮8平7

⑪兵五进一　　马2进4　　　⑫马三进五　　　卒7进1

黑方冲7卒是一步等着，试探红方动手的方向。

⑬马五进七　　象5进3　　　⑭炮二进四

红方主动交换，为消灭中卒创造条件。

⑭……　　　炮3进3　　　⑮炮二平六　　　象3退5

⑯炮五进四　　炮7进4　　　⑰相七进五　　　马8进7

⑱炮五退一　　炮3退1

双方行棋至此，红方子力位置要明显好于黑方。

⑲兵九进一　　炮7平8

显然赵攀伟同样意识到了阵形上的弱点，平炮准备回防，加强防守力量。

⑳车八进六　　车1平4　　　㉑炮六平九

红方平边炮战意十足。虽然说炮六退八可能更稳健，但是平炮相当于在黑方右翼埋下一颗"地雷"，对黑方总是有一些威胁。

㉑……　　马7进6

㉒马九进八　炮8退4（图36）

黑方退炮不好，不如车4平3先调整底线的防守阵形。以下马八进七，炮8平5，炮九平八，车3平1，马七进六，炮5退2，兵五进一，马6进7，虽然仍是红优，但黑方可暂解燃眉之急。

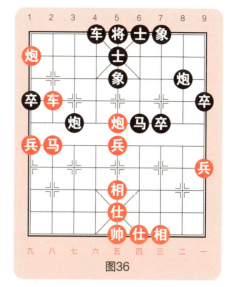

图36

㉓马八进九　炮3退2

黑方虽然形成担子炮，但是其构筑防守阵形的速度明显慢于红方进攻的速度。

㉔马九进八　车4平1　　㉕马八退七　马6进7

㉖炮九退一　将5平4

黑方出将无奈，否则底车难有作为。

㉗车八退三　马7退5　　㉘车八平六　士5进4

㉙车六进一

细腻，红方的战术目标就是车占巡河，利用九路兵的拦截，不给黑车骚扰的机会。

㉙……　　马5进7　　㉚炮九平六　炮8进7

㉛车六平四　士6进5　　㉜炮六退六

攻守兼备的一着棋，黑方败势已定。

㉜……　　车1平2　　㉝车四进五

红方弃车叫将，着法犀利。

㉝……　　士5退6　　㉞马七退六　炮3平4

㉟马六进八　炮4平2　　㊱马八进七　将4进1

㊲炮五平六（绝杀，红胜）

第19局　广东 许国义 胜 江苏 王昊

① 兵七进一　炮2平3　② 炮二平五　象3进5
③ 仕六进五

红方先补左仕等一手，以防止黑方卒3进1的威胁。其主要作用是使左马暂不定位，这样在之后的许多变例中，可马八进七出正马，加强中路的战斗力。

③ ……　　马8进7

随着红方补仕，棋形发生了微妙的变化，黑方此时就不宜再走车9进1了，否则炮八平六，车9平4，马八进七，马8进7，马二进三，红方两翼子力舒展，前景乐观。

④ 马二进三　车9平8　⑤ 兵三进一

进兵活马，是此类局面下不可忽视的重要步骤，带有势在必行的意味。如改走车一平二，则炮8进4，兵三进一（如改走它着，则黑方卒7进1后，红方右翼压力更大），炮8平7，马八进七，炮3进3，黑方主动。

⑤ ……　　炮8进4
⑥ 炮八平六

红方平仕角炮为以后跳正马创造条件。

⑥ ……　　炮8平7
⑦ 马八进七　炮3进3（图37）

进炮打兵是改进后的着法。

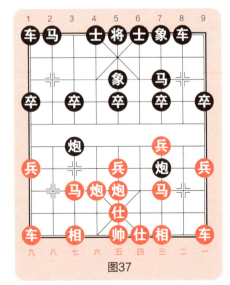

图37

以往黑方多走车8进4进巡河车，以下马七进六，炮3进3，马六进五，马7进5，炮五进四，士4进5，相七进五，马2进3，炮五平一，炮3进1，车九平八，红方先手。实战中这着炮3进3的好处在于以后可以马2进3跳正马，协调棋形，并且进可炮3进1压马，利用担子炮形成第一道封锁线，退可炮3退1通过邀兑中炮简化局面，非常符合棋理。

⑧炮六进五

红方进炮打马，破坏黑方阵形，积极主动。

⑧……　　　象5退3　　⑨相七进九　车1进2

黑方放弃3路炮捉红炮，意在快速把右车投入战场。

⑩车九平六　炮3退1　　⑪兵五进一　炮3平9

黑方竭力抢先手，似有华而不实之感。不如士4进5，则炮六退一，车1平4，以后象7进5，保持牵制为宜。

⑫相三进一　士6进5　　⑬炮六退三　车1平4

⑭车六进三　车8进6

黑方此时只能进车保炮，被动受牵。由此可见，上一回合中黑方可以考虑不走车1平4而改走炮7平2，则兵一进一，炮9平1，车六平八，车8进6，黑方的子力位置要好于实战。

⑮兵一进一　炮9平8　　⑯车一进一　卒3进1

⑰车一平四　马2进3　　⑱车六平五　卒3进1

黑方准备车4进2支援河口，弃卒是重要的一环。如直接走车4进2，则炮五平六，黑车被捉死。

⑲相九进七　车4进2　　⑳车四进七　卒7进1

眼见7路马有被捉死的危险，黑方只得进7卒活马。

㉑车四平三　马7进6　　㉒车三进一　士5退6

㉓车五平四

红方平车控制黑方6路马，好棋！

㉓……　　　象3进5　　㉔车三平二　士4进5

㉕兵五进一

冲兵打破僵局，以下一起来见证红方丝丝入扣的攻击手法。

㉕……　　　　车4平5　　㉖兵三进一　象5进7
㉗车二退二　车5平3　　㉘炮六平四

红方平炮，伏有炮四进五打士的手段。

㉘……　　　　象7退5　　㉙炮四平三（图38）

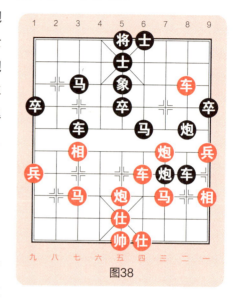

图38

黑方退象以后红方若是再炮四进五就显得勉强了，黑方可士5退6吃炮，以下车二平四，炮8进1，后车进二，车3平6，车四退二，炮8平5，红方虽多得一士，但是进攻速度明显慢下来，反而给了黑方透松局面的机会。

㉙……　　　　象5进7
㉚车四平八　马3退4
㉛车八平六　马4进5

黑方阵形暂时安全，但是子力位置欠佳，红方果断借此制造战机。

㉜车二退一　车3进1　　㉝车二平五

红方吃中卒弃马，利用黑方中路的弱点发动进攻。

㉝……　　　　车3进2　　㉞帅五平六　炮7平6

黑方平炮，伏有车3进2，帅六进一，炮6进2的攻击手段。

㉟仕五进四　车8进2　　㊱仕四进五　炮8进2
㊲车六平四

许特大已经算好后面有惊无险，果断用车吃炮。

㊲……　　　　马6进4　　㊳炮五进五

红方炮打中马，黑方脆弱的防线被打穿。

㊳……　　　　士5进6　　㊴车五退二　车3进2
㊵帅六进一　马4退2　　㊶车五平八

红方平车抢先卡住黑马的进攻线路。

㊶……　　　车3退5　　㊷炮三平五　　车3平5

㊸车四平六

以下红方伏有车八进一吃马的手段，黑方如续走马2退3，则车六进四，黑方败局已定，投子认负。

第20局　河南 武俊强 胜 广东 许国义

①炮二平五　　马8进7　　②马二进三　　车9平8
③车一平二　　马2进3　　④兵三进一　　卒3进1
⑤炮八平七

此时红方最为常见的着法是马八进九，则卒1进1，炮八平七，马3进2，车九进一，形成五七炮进三兵对屏风马的流行阵势。红方先平七路炮，在次序上有了小小的改动，对黑方形成一定的考验。

⑤……　　　士4进5

黑方补士既加强了中路，又使红方没有冲七路兵的先手，是以静制动的"官着"。

⑥马八进九

红方起边马是自然的出子。如欲强行牵制黑方而走马三进四，则将遭到黑方炮8进3！马四进三，炮8进1，兵七进一，马3进4，兵七进一，马4进5的有力反击，黑方子力活跃，形势乐观。

⑥……　　　马3进2　　⑦车九进一　　象3进5

⑧车九平六

红方平车占肋，必走之着。如改走车二进六，则车1平4抢占肋道，黑方满意。

⑧……　　炮8进4

黑方进炮封车，势在必行。否则给红方抢到车二进六这步棋后，黑方将全面受制。

⑨马三进四　炮8平3（图39）

黑方平炮打兵，准备谋相。这着在以往被视作坏棋，一度被冠以"贪相中计"的恶名。近年随着棋手的深入研究和AI技术的发展，这着棋又重新回到棋手的视野中，成为了黑方的一个主要变例。

⑩车二进九　炮3进3

⑪仕六进五　马7退8

⑫车六进五

红方进车抢占要道，如改走炮五进四，则车1平4，红方无便宜。

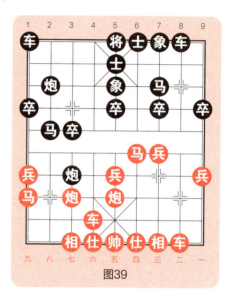

图39

⑫……　　马2进1

⑬炮七退一　炮2进2　　⑭车六退三　炮3平1

⑮车六平八　卒3进1　　⑯炮七进二

从车六退三开始到这着炮七进二，红方策划了一个先弃后取的战术，用以打开局面。

⑯……　　卒3进1　　⑰马九进七　炮2平5

⑱炮五平四　炮5平1

平炮是黑方带有补偿性选择的着法。红方接下来车八平九吃马以后，黑方可前炮平2，把红车牵制在边线。

⑲车八平九　前炮平2　　⑳车九退三　炮2退3（图40）

黑方退炮有落空的嫌疑。应改走车1平3，则车九平八，车3进6，炮四平五，炮1平5，炮五进三，卒5进1，马四进三，马8进7，双方对峙。

㉑ 马七进六　车1平3
㉒ 车九平八　炮2平9

随着黑炮打兵，红方左翼的防守压力顿时减轻。

㉓ 炮四平五　炮9平6

黑方平炮老练，断掉红方马六进四的线路，准备下一着车3进4捉马。

㉔ 炮五进四　马8进7
㉕ 炮五退二　将5平4

黑方出将摆脱中炮的控制，否则底线车无法离线。

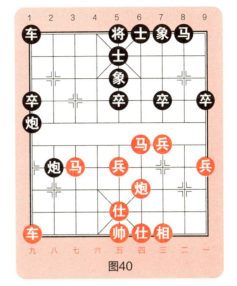

图40

㉖ 车八平六

红方平车好棋，伏有马六进五的连杀手段。

㉖ ……　　将4平5　㉗ 马四进三

红方进马，为马六进四扑槽创造条件。

㉗ ……　　马7进5　㉘ 马六进四　士5进6

㉙ 车六进六

红方进车捉马，让黑棋非常难受。当前的形势就是红方在进攻中处处占据上风，而黑方则陷入被动防守的泥潭之中。正所谓按下葫芦又浮起瓢，黑方已是四面受敌。

㉙ ……　　车3进9　㉚ 仕五退六　车3退1
㉛ 仕六进五　车3进1　㉜ 仕五退六　车3退1
㉝ 仕六进五　车3进1　㉞ 仕五退六　车3退1
㉟ 仕六进五　车3进1　㊱ 仕五退六　炮1进5

双方着法循环往复之下，按现行规则，黑方是禁止着法，必须主动变着。

㊲ 帅五进一　士6进5　㊳ 车六平五

红方多得一子，离胜利更进一步。

㊳……　　　　车3平4　　㊴车五平九　　将5平4
㊵车九退一　　车4退1　　㊶帅五退一　　炮1平4
黑方平炮，防止红方车九平六兑车。
㊷相三进五　　车4退3　　㊸马三退二　　炮4退3
㊹兵三进一　　炮6平8　　㊺马二进四

红方冲兵、跳马一气呵成。现跳马捉车，逼黑车让出位置，为以后炮五平六创造机会。

㊺……　　　　车4平2　　㊻车九进四　　将4进1
㊼前马退六　　车2进4　　㊽帅五进一

黑方无法防守红方接下来炮五平六的攻击，投子认负。

第21局　河南 武俊强 胜 浙江 徐崇峰

①炮二平五　　马8进7　　②马二进三　　车9平8
③兵三进一

红方挺起三兵抢占先机，引领以后双方布局的方向，是以我为主的策略下法。

③……　　　　炮8平9

黑方左炮开边，形成"三步虎"阵式，是后手方的一种积极应法。

④马八进七

红方左马正起，可加强中心区域的作战能力。

④……　　　　卒3进1

局面至此，形成中炮进三兵对三步虎阵式。黑方挺卒制马，活通右翼子力，并阻止红方走成"两头蛇"阵式，是以"防守反击"为主导思想而实施的着法。

⑤ 炮八进四

红方伸炮过河,准备打卒压马扩大先手。

⑤ …… 马2进3

⑥ 炮八平七(图41)

红方如改走炮八平三,则象7进5,车九平八,车1平2,车八进六,炮2平1,车八平七,车8进3,兵三进一,象5进7,马三进四,车2进5,兵五进一,炮1退1,车七退一,车2平5,车七平三,象3进5,车三平二,红优。

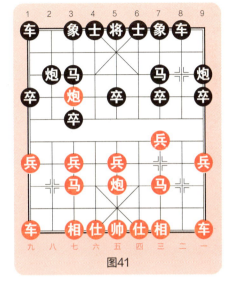

图41

⑥ …… 车1平2

⑦ 车九平八 炮2进2 ⑧ 炮七平三 炮2进2

黑方待红方炮七平三后再进炮封车正确。如上一回合直接走炮2进4,红方可走炮七进三,则车2平3,车八进三,车8进4,兵五进一,红方优势。

⑨ 车一进一 象7进5 ⑩ 炮五平六 士6进5

⑪ 炮六进四 卒5进1

冲中卒并不是简单地活通马路,还伏有车8平6再车6进3的手段。

⑫ 车一平四 车8进7

黑方进车的构思是,虽然红方三路马有根,但是在黑车的限制下,黑方既多了一个炮9进4的手段,又限制红方马三进四的手段。

⑬ 相七进五 炮9进4 ⑭ 车四进三 卒9进1

黑方进边卒准备掩护炮9退1,从而对红方巡河线施加压力。

⑮ 兵七进一 炮9退1 ⑯ 兵三进一 卒3进1

⑰ 车四平七 马3进5 ⑱ 车七平三 马5进7

⑲ 炮三平四 车8退3

黑方2路线车炮受牵，红方双炮又卡在黑方的阵地中，随时可发挥子力位置上的优势对黑方形成骚扰，黑方只得先退车加强防守。

⑳炮六退一　后马进9　㉑车八进二

进车压缩黑方车炮的空间，伏有炮四退五的手段。黑方2路线上车炮终成隐患。

㉑……　　　车2进4　㉒炮四退三　车2平3
㉓炮四平八　车3平4

黑方虽然摆脱受牵制的威胁，但是双车位置不佳，又给了红方利用的机会。

㉔车三平一　卒9进1　㉕马三进四　车4平2
㉖马四进二　卒9平8

红方顺利谋得一子，下一步解决掉车炮受牵的问题即可大占优势。

㉗车八退一　象5退7（图42）

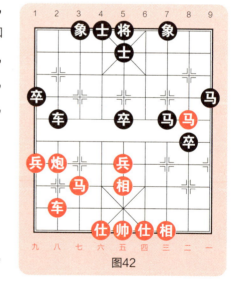

图42

黑方退象防止红方马二进一，从实战进程来看作用不大。不如车2退1，则马二进一，马7退8，炮八进一，象5退7，马一进二，马8进7，车八平四，象3进5，黑方足可抗衡。

㉘马七进六　车2进1
㉙车八平六　卒5进1
㉚兵五进一　马7进5
㉛炮八平五

黑方过河卒离中心区域过远，难以发挥作用，红方优势明显。

㉛……　　　马9进7　㉜马二进三　象7进5
㉝马三退四　卒8进1　㉞车六平四　车2退2
㉟车四进三

以下红方可车四平二，黑方难以防守，遂主动投子认负。

首届全国象棋女子国手赛

10月16~19日,中国体育彩票·2023年首届全国象棋女子国手赛在深圳宝安擂响战鼓。这是国内首个面向女子象棋运动员的头衔战,王琳娜、陈幸琳、刘欢等24位一线职业棋手参赛。

赛事设预赛、决赛两个阶段,等级分前八名的王琳娜、陈幸琳、刘欢、梁妍婷、沈思凡、赵冠芳、唐思楠和李沁直接晋级决赛,王文君、吴可欣、王子涵、陈丽淳、党国蕾、时凤兰、刘钰、玉思源、张婷婷、董毓男、董嘉琦、杭宁、李越川、宋晓琬、郎祺琪、黄蕾蕾16人通过单败淘汰制预赛决出晋级名额。

经过紧张激烈的对抗,最终陈丽淳特大获得冠军,王琳娜、李沁、党国蕾分获2~4名。

第22局　广东 陈丽淳 胜 杭州 沈思凡

① 炮二平五　马2进3　② 马二进三

走到这里陈丽淳特大停顿了一下，稍做思考。上一着马2进3是常见的走法，但是其后演变的方向可以是反宫马或单提马，也可以还原成屏风马。棋手在比赛中常常要通过阅读对方的布局信息来确定下一步的布局计划。当然，职业棋手在比赛前都会在布局上做一些准备，这些布局准备会在实战中为棋手提供大方向和指导。

②……　　炮8平6　③ 车一平二　马8进7

黑方出正马，也是反宫马的特色之一。由于兼有"屏风马"的性质有利于保护中线，所以反宫马又被称为"夹炮屏风"。至此，局面的整体架构也已基本形成，但是接下来挺三兵还是七兵的主动权在红方。

④ 兵七进一　炮2平1

黑方平炮亮车静观其变，是一种比较含蓄的应着。

⑤ 车九进二

高车保炮，以后要强行走马八进七进正马。这着棋是广东队研究的新着，最早出现在2022年全国象棋甲级联赛广东陈幸琳特大与杭州赵冠芳特大的对阵中。巧合的是本轮对局的双方正是两位特大各自的队友。此番双方对弈谁将率先求变，我们一起往下看。

⑤……　　车1平2　⑥ 马八进七　炮6进5（图43）

这里沈思凡大师迎难而上，走出新变。在当年陈赵之战中，赵冠芳特大没有选择进炮串打，而是稳健地走了一着卒7进1，以下马七进六，士6进5，车二进六，象7进5，炮八平七，车2进4，马六进七，马7进6，车二平四，马6进7，炮五退一，行棋至此，红方子力灵活，黑方阵形厚实，但是红方可供选择的机会多，红方满意。

⑦ 马七进八　炮6平2

不宜车2进5吃马，否则炮八平四后红方九路车位置得到改善，黑方行棋步数要亏一些。换炮以后，黑方暂时牵制住红方车马，能得到一定的补偿。

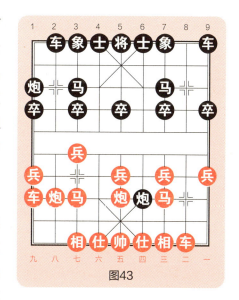

图43

⑧ 车九平八　车9平8

首先从布局的节奏来看，兑车这着棋黑方是稍亏的，但对于黑方来讲同样也有一定好处，那就是在红方左车受牵的情况下，兑掉红方的二路车后，局面简化，黑方更易于控制。

⑨ 车二进九　马7退8　⑩ 兵三进一　象7进5

双方子力数量完全相同，但是子力位置上红方要明显好于黑方。布局至此，红方取得稍优的局面。

⑪ 马三进四　车2进4　⑫ 马八退七　车2平6

黑方不能再兑车了，否则子力位置亏损太多。子力位置好的一方可以获得更多的进攻或调整的自由度，从而意味着有更多的机会。而子力位置差的一方则没有这样的条件，往往只能被动挨打。

⑬ 马四退六　马3退5

退马避开红方车八进五的先手，同时保留马5进7调整的机会，以后利用巡河车兑卒活马，黑方仍有不错的前景。

⑭ 炮五进四　车6平4　⑮ 车八进一

红方进车保马强硬，以后利用六路马作为支援点，走兵五进一对黑方中路保持压力。如改走马六进八，则卒3进1，兵七进一，车4平5，炮五平一，车5平3，黑方巡河车自由度太高，局面有透松的迹象。

⑮……　　马8进7　　⑯炮五平九　卒7进1

兑7卒是一柄双刃剑，这着棋对黑方不利之处在于开放了原本相对僵持的局面，给了红方更多的进攻选择，导致局面失控。黑方应走炮1平4，则马六进八，马5进3，炮九平三，炮4退1，以后黑方可以炮4平9，待机反攻红方右翼，相对来说要更有利一些。

⑰兵五进一　马5进3　　⑱炮九退二　炮1退1

⑲兵三进一　车4平7　　⑳马六进五

进中马是红方进攻中的重要环节，既对黑方中路形成压力，又切断了黑车同右翼子力的联络。

⑳……　　马7进5　　㉑相七进五　卒3进1

㉒兵七进一（图44）

临场红方优势意识过浓，兑兵给了黑方透松局面的机会，黑方双马盘活后，对红方进攻影响很大。此时红方应走马七进六，则车7退3，仕六进五，象3进1，马六进七，象5退3，马五退三，炮1进4，兵九进一，卒3进1，兵五进一，马5进3，马三进四，车7进1，相五进七，红方优势很大。

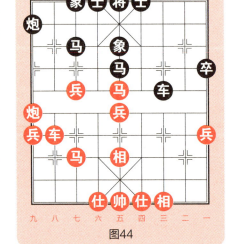
图44

㉒……　　马5进3

㉓车八平五　后马进5

㉔炮九平七　炮1平5　　㉕马五进七　车7平4

黑方错失谋和良机。此时应走车7退1，红方如兵五进一，则马5进7，仕四进五，车7平4，黑方子力占位扎实，红方没有好的进攻点。

㉖兵五进一　车4进3　㉗兵五进一　车4平3

㉘仕四进五

红方补仕不让黑车守肋，为下一着马七进六叫杀做准备。

㉘……　　车3平2　㉙马七进六　马3退2

㉚兵五进一

红方弃马抢攻，对重点的把握非常准确。

㉚……　　马2退4　㉛兵五平六　马4进2

㉜炮七平三　炮5进1

黑方无奈，只好弃子解杀。

㉝兵六平五　马2进4　㉞车五进三　马4退3

㉟炮三平五

红方平炮，成为了压倒黑方的"最后一根稻草"。

㉟……　　车2退2　㊱兵五平六　士6进5

㊲兵六进一（黑方认负）

第23局　黑龙江　王琳娜　胜　浙江　唐思楠

①兵七进一　炮2平3　②相三进五

这里红方常见走法是炮二平五，也可能王琳娜考虑到唐思楠的战斗力较强，所以从战略战术考虑，选择了避其锋芒的飞相变例。从棋理上来讲，飞相护兵，削弱卒底炮的威力，是基调平稳的布置，尽管理论上认为偏于防守，不够积极，但作为一种延续已久的布局定式，白然有一定的合理性。

②……　　　马2进1

黑方立即跳马屯边，尽快亮出右车，反应迅速，符合逻辑。

③马八进七　炮8平5

黑方平中炮进行反击，并可加快左翼出子速度，一招两用。

④车九平八　车1平2　⑤炮八进四

进炮封车是积极的下法。实战中，红方还有先走炮二平四的选择。这两着看似对黑方的影响不大，其实不然。布局中的行棋次序不同，其走向会产生很大的差异。如红方先走炮二平四，则马8进7，红方再走炮八进四时，黑方不一定选择车9平8，有可能选择更为灵活的车9进1起横车的下法了。

⑤……　　　马8进7　⑥炮二平四　车9平8

⑦马二进三

平仕角炮再进马，红方在局部借鉴了反宫马的结构。反宫马的阵形结构中，重点在于四路线上仕角炮和三路马之间的配合，这也是双方在布局中要争夺的焦点。

⑦……　　　卒3进1

黑方在这里同样借鉴五七炮对反宫马的进攻思路，冲3卒开线，打破僵局。

⑧兵七进一　车8进4

⑨兵七平八　卒1进1

⑩车一平二（图45）

行棋至此不难发现双方局部攻防均套用五七炮对反宫马的攻守套路。当然，这仅仅体现在双方的局部攻防而已。相对于五七炮弃双兵对反宫马布局，实战中，五七炮一方少走两步卒，反宫马一方则少一步吃卒，这类情况在布局中称为"代换"或者"类比"。

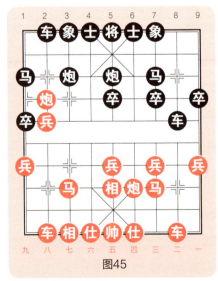

图45

初、中级棋手在布局时，特别是面对散手布局时采用这种方式，会少走很多弯路。本局红方出车邀兑是符合棋理的一着棋，通过兑车抢位（黑方如果兑车，2路车被封，布局效率明显降低）占据通路。当然，学习布局的目的是在实战中有选择性地借鉴，而不是完全照搬。比如本局红方此时就不能继续采用五七炮弃双兵对反宫马布局中常见的炮四进四的走法。如仍走炮四进四，则马1进2，车八进三，车8平4，车一平二，卒5进1，黑优。这是因为本局中黑方7路卒没有挺起来，炮四进四以后并没有炮四平三压马攻击底象的机会，再走炮四进四就是生搬硬套了。因此，在布局借鉴和类比时，要注意已经发生变化的部分，灵活运用为宜。

⑩……　　　　车8平6　　⑪炮八平三

弃炮、弃兵，红方敢于实施这个双弃诱敌的计划，就是抓住底象的弱点。从棋上来看，红方打象以后，局面只有车炮进攻，熟知棋理的都知道"车炮进攻，防抽不防杀"。意思是说当只有车炮这两个子进攻时，是无法成杀的。此时，红方八路车是无法快速参与到右翼进攻的，三路马受三路兵的限制，位置呆板，是一个弱马，而七路马同样无法参与进攻。可能正是基于这样的诱惑，黑方选择更为积极的吃炮，而放弃象7进9的防御型着法。从本局的实战进程来看，黑方显然是上当了。正确的走法是象7进9，则仕四进五，车6退1，炮三退二，车2进4，炮三平七，马7退5，车八进五，马1进2，双方大体均势。

⑪……　　　　车6进3　　⑫仕四进五　　车6退3
⑬炮三进三　　士6进5　　⑭兵八进一

红方冲兵正确，继续牵制黑方右翼子力，为己方右翼的进攻赢得时间。

⑭……　　　　马1进2　　⑮兵三进一　　马2进3
⑯兵三进一

在底炮的支援下，红兵过河，无疑可增加进攻的力量，但是暂时还没有形成压倒性的攻势，那么红方要怎么才能把优势转化为胜势呢?

⑯……　　车6退3　　⑰兵三进一　炮3进5
⑱兵三进一　炮3平7　　⑲炮三平一

红方连弃两子后，攻势显现了出来，黑方现在已经失去防守能力了。

⑲……　　士5进4　　⑳车八进四　炮5进4
㉑车八平七

平车捉马是表象，抢占车位才是主要目的。至此，红方胜势已定。

㉑……　　马3进2（图46）

黑方车2进1形成霸王车也无法阻止红方进攻的脚步，红方可以车二进九，则将5进1，车七退一先吃回一子。黑方如续走炮5退2，则车七进六，车2平4，车七退三，黑方无法防守。

㉒车二进九　将5进1
㉓车七进四　将5进1
㉔炮一退二（黑方认负）

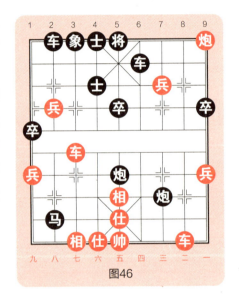

图46

第十八届世界象棋锦标赛

第十八届世界象棋锦标赛暨第四届世界青少年象棋锦标赛于北京时间2023年11月26日在美国休斯敦落幕,中国队取得6金3银1铜的优异成绩,其中孟辰在男子个人赛中称雄,唐思楠则在女子个人赛中折桂。

值得一提的是,由于中国队只有孟辰一人参加男子个人赛,因此无法参与男子团体赛的争夺。在这种情况下,赖理兄和阮明日光两位名将组成的越南队并没有顺利拿到男团冠军,新加坡队凭借吴宗翰和刘亿豪两位高手的出色发挥,将世锦赛男团冠军收入囊中,越南队和马来西亚队分获男团亚军和季军。

在女子个人赛中,中国队唐思楠和刘欢分获冠亚军,同时她们还为中国队夺得世锦赛女团冠军。此外中国小将刘柏宏、周雨霏和袁玮浩分别获得世少赛U16男子组、U16女子组、U12男子组金牌,王思凯获得U12男子组银牌,江奕青和王紫璇分获U12女子组银牌和铜牌。

第24局　中国 孟辰 胜 中国香港 黄学谦

①**炮二平五**　马8进7　　②**马二进三**　卒3进1

屏风马阵势的诞生，首先是从挺3卒开始的。其意向是左马用于防御，右马用于反击，所以黑方先挺3卒活跃右马。

③**车一平二**　车9平8　　④**炮八平六**

相对于中炮过河车大开大合的特点而言，五六炮布局就要显得细腻不少，是类似于"绣花"的功夫棋。孟辰特大首度参加世界锦标赛，并且作为大赛的一号种子棋手，要承受的棋盘之外的压力丝毫不比对手在棋盘上给的压力小，因此在行棋布阵上，显得格外谨慎。

④……　　马2进3　　⑤**马八进七**

马八进七跳正马与马八进九跳边马是新旧五六炮的重要分水岭。

⑤……　　马3进2

跳外马封车是正确的选择。如果仍走炮8进6进炮压车就不合时宜了，红方可车九平八，以下车1平2，车八进六，卒7进1，车八平七捉马，黑方右马失去8路炮的保护，被迫只能马3退5改走窝心马，红方续走兵七进一，则卒3进1，车七退二，红方优势。那什么时候黑方走炮8进6是正确的呢？只有红方上一着先不走马八进七而是选择兵三进一的时候，黑方应以车1平2，红方再走马八进七，黑方此时便可以炮8进6压车了。在开局阶段，行次序的改变，往往会带来完全不同的变化，这一点初、中级爱好者要格外注意。

⑥**兵三进一**　车1进1　　⑦**仕六进五**　象7进5

⑧**车二进三**

进兵林车是红方布局的要点，以后通过兵五进一腾挪出车路，以策应七路弱马。

⑧……　　　车1平6

黑方平车过宫，方向稍有问题。不如选择车1平8，则兵五进一，炮8平9，车二平五，前车进5，炮六进一，前车平5，马七进五，士6进5，黑方反先。

⑨兵五进一　炮8进2（图47）

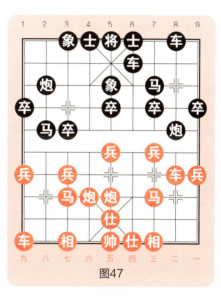

图47

不难发现，黑方6路车如果在4路，红方无法炮六进三打马，左车也就无法快速投入战场。由此可见上一回合中黑方车1平6的问题所在，要么车1平8，要么车1平4，甚至选择车1平3都要好于车1平6。当然，如果黄大师此时能选择车6平4及时止损，双方仍可对峙。但是实战中这着炮8进2对红方遏制作用不大，给了孟辰特大打开局面的机会。

⑩炮六进三　马2退3

⑪车九平八　马3进4　⑫车八进七　炮8平5

黑方平炮兑车是稳健的选择。从以上几个回合来看，黑方的构思多以稳健为主，把后手谋和作为主要战略目标。当然，不能说黄学谦大师的战略选择有误，而是说棋手如果背负了这样的心理负担，在行棋过程中就容易放不开手脚，着法上就容易显得过于谨慎了。

⑬车二平六　炮5进3　⑭相七进五　车8进7

⑮车六进二　车8平7

交换以后，局势较为平稳。不过在平稳中，红方仍然有着子力位置上的优势。这种优势能给孟特大带来多大的利益，我们拭目以待。

⑯兵七进一　车7退1

黑方如卒3进1，则马七进五捉车，车7退1，马五进七，红马跳到相尖，黑方不利。

⑰ 马七进八　卒3进1　⑱ 马八进七　士6进5

久守必失，失在防守一方往往会陷入被动防御的怪圈中走不出来。此时黑方积极的下法是卒3进1，则马七进六，车6平5！通过中车来卡住红方进攻线路，利用过河卒保留兑车的可能。红方如续走车八平六，则车7平4，后车退二，卒3平4，车六退四，马7退9，以后车5平8黑方再把窝心车调整出来，足可抗衡。

⑲ 车六进三

好棋，虽然暂时不会给黑方带来致命的打击，但会给黑方带来应对上的考验。

⑲ ……　　车7平6　⑳ 车八平五

平车吃象继续给黑方施压。当然，这着棋并非最佳的手段，但是一个聪明的棋手往往会通过捕捉对手的心理状态来制订计划，甚至是通过一些并不合理的但具有攻击性的计划反复打击防守者的心态。

⑳ ……　　后车进1（图48）

败着！黑方如改走前车退4，则兵一进一，前车平5，马七进五，车6进1，马五进七，车6平3，黑方形势不差。

㉑ 车五退一

上一着如果走得是前车退4，红方再车五退一，黑棋有一个前车进7先弃后取的巧手。

㉑ ……　　后车平4
㉒ 车五平三　车4退1
㉓ 马七进六　马7退6

黑方如改走车6退4，则马六退七，马7退6，马七退五，车6进3，马五退七，车6平5，车三平一，形成这样的局面，黑方是不能守和的。

㉔ 马六退八　卒 3 平 4　㉕ 兵五进一　车 6 平 1

㉖ 马八退六　车 1 平 3　㉗ 相五进七（黑方认负）

第 25 局　越南 赖理兄 和 中国 孟辰

本局是第十八届世界象棋锦标赛冠亚军之战的慢棋赛。无论是越南棋王赖理兄还是中国孟辰特大，面对首个世界冠军的头衔，都是格外重视的。重视的同时也意味着双方棋手都非常紧张。在棋手参加大赛的过程中，他们会感受到巨大的压力，在这样的情况下，棋手的表现可能会无法避免地出现一些问题。

① 炮二平五　马 8 进 7　② 马二进三　车 9 平 8

③ 车一平二　马 2 进 3　④ 兵七进一　卒 7 进 1

⑤ 车二进六　马 7 进 6

孟辰特大此前执黑与赖理兄交锋两次，取得一负一和的成绩。特别是在今年象甲联赛中，首次与赖理兄交锋即败，在本届世锦标第 3 轮再遇赖理兄又以和棋告终。两番交战下来，孟特大吃亏不小。此番决赛孟特选择相对激烈的左马盘河布局，有意与其较量一下布局的深度。

⑥ 马八进七　车 1 进 1

黑方起横车是对攻性较强的下法。

⑦ 车二平四

红方平车捉马是相对简明的变化。

⑦ ……　　　马 6 进 7　⑧ 马七进六　卒 7 进 1

⑨ 炮五平六

红方平炮避开黑方马7进5的同时，又封锁黑方1路横车抢占肋线的通道。

⑨……　　车8进1

黑方高车也是必然的选择，以后通过车1平6兑车解决1路车的出路。

⑩ 相七进五　车1平6　⑪ 车四进二（图49）

兑车略亏，但是稳健。当前局面下红方最佳的走法是车四平二先保留变化，以下炮2退1，车九平七，卒7平6，炮六进一，卒6进1，兵七进一，卒3进1，车七进五，象3进5，车七进一，局面复杂，红方略占主动。

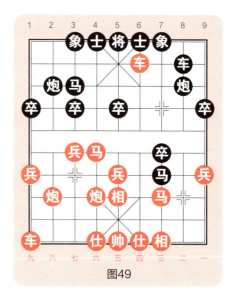

图49

⑪……　　车8平6

⑫ 炮八平七　车6进4

⑬ 马六进七　炮2退1

黑方退炮是一着充满战斗意识的构思。

⑭ 车九平八　炮2平8　⑮ 仕六进五　前炮平7

此时，黑方前炮平7和后炮平7区别是很大的。选择平前炮，以后有车6退3保炮，伏有炮8平7的反击。如果后炮平7，则失去反击的能力，红方满意。试演一例：后炮平7，车八进五，炮8平7，车八平二，卒7平8，车二进三，车6退4，黑方子力受制，红方优势。

⑯ 车八进五　卒7平8　⑰ 兵七进一

正如前文所述，红方如车八平三，则车6退3，车三进一（退车吃马则炮8平7，红方只有一车换双，黑优），炮8平7，车三平一，车6进6，黑方满意。

⑰…… 卒8进1 ⑱兵七平六 卒8进1
⑲炮六进一 炮8平7 ⑳炮七进五 卒8平7

黑方急于得回失子，反给红方利用的机会。这就是大赛中棋手压力之下的一种表现，其实黑方可以车6进3，以下马七进五，象7进5，炮七平三，马7进5，炮六退二，马5退3，车八进三，马3进4，车八平三，卒8平7，走成这样的局面，双方大体均势。

㉑车八进三

好棋，这着捉炮应该是被孟特大忽略的巧手。这着棋给红方带来了什么利益呢？我们可以通过后面实战的进程来分析。

㉑…… 士6进5 ㉒炮七进一 士5退6
㉓炮七退一 士6进5 ㉔炮七进一 士5进4
㉕炮七退一 士4退5 ㉖炮七进一 马7进5（图50）

按世界规则黑方长捉要变着。黑方此时又不肯后炮平3兑炮，以下炮六平三，炮3进1，炮三进六，炮7进1，炮三退七，车6进3，相三进一，炮7平3，车八退二，车6平7，炮三平四，前炮进5，车八平七，后炮平5，车七退五，车7退4，兵六进一，炮5进4这样的变化。所以临场孟辰特大走出弃马吃相，石破天惊的一着棋。

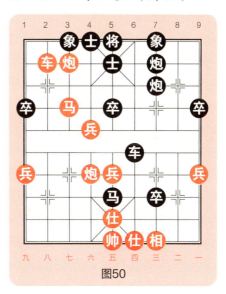

图50

㉗相三进五 后炮平3
㉘车八平七 卒7进1 ㉙炮六平七 卒7平6
㉚帅五平六 炮7平4 ㉛仕五进六 炮4进5

黑方相当于用一马换红方一仕一相，但是黑方车、炮、卒的子力位置不好，无法形成攻势，由此黑方陷入苦战。

㉜马七退八 象7进5 ㉝车七退四 车6退1

㉞车七平二　炮4平2　　㉟炮七进三　卒6平7
㊱仕四进五　卒7平6　　㊲帅六进一

红方上帅好棋，化解了黑方发起进攻的可能。

㊲……　卒9进1　　㊳兵六进一　卒5进1
㊴兵六平五　卒5进1　　㊵前兵进一　象3进5
㊶炮七平五　将5平6

黑方为了防止红方车二进五兑车，只有出将这一着棋可供选择。

㊷兵五进一　车6平2　　㊸车二平四　将6平5
㊹马八退九

红方不能马八退六，否则车2平4，车四退一，炮2退1，兵五进一，车4进1，车四退二，车4进1，黑方有守和的机会。

㊹……　车2平4　　㊺仕五进六　车4平3
㊻帅六退一　车3平4　　㊼车四退三　炮2平5
㊽炮五退四　车4进3　　㊾车四平六　车4平5
㊿马九进七　车5退1　　(51)马七进六　车5平9
(52)车六进一

行棋至此，红方已经获得胜势，世界冠军的桂冠已经向越南赖理兄倾斜。

(52)……　象5退3　　(53)马六进四　车9平6
(54)马四进三　车6退5　　(55)车六平三　卒9进1

象棋界有一句警言：象棋和其他体育运动一样，只有斗士才能赢得最后的胜利。一名优秀的棋手除了必须具备良好的智力因素之外，其意志品质也是至关重要的。正如当前局面，红方是大优局面无疑，但是孟辰的执着仍然给这盘棋留下些许的不确定因素。而这些不确定因素最终能发挥多大的作用，又是否能左右棋局的走向，孟辰不知道，赖理兄同样也不知道。唯有棋局结束之时，谜底才能揭晓。

(56)兵五进一　卒9平8　　(57)兵五平四　士5退6
(58)车三进四　卒1进1（图51）

也许此时的孟辰特大和越南棋王赖理兄都没有预料到，这着看似闲着的卒1进1，却成为了黑方最终能够守和的关键。

(59) 车三平五　士6进5

(60) 马三退四　车6进1

此时黑方已经没有多少防守技巧可言，唯一可以做的就是硬顶。争取顶到自然限着下满，又或是红方出现失误的那一刻。

(61) 车五退二　卒8进1

(62) 车五平二　卒8平7

(63) 车二进三　车6平8

(64) 马四进二

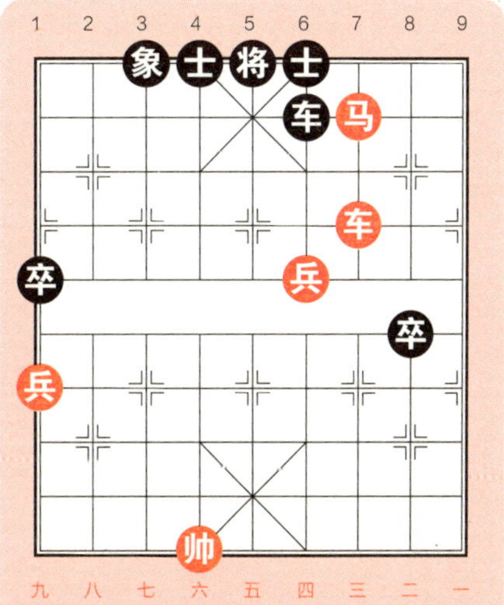

图51

久攻不下，红方选择了一个看似稳妥的方案，利用兑车消除黑方防守关键子，然后尝试走成马双兵对卒单缺象的例胜残局。

(64) ……　卒7平6　(65) 马二退四　卒6平5

(66) 马四退六　卒5平4　(67) 帅六平五

红方这时意识到，黑方4路卒谋兵的速度远比红马谋边卒的速度快。此前的计划出现了不应该有的疏漏。

(67) ……　将5平6　(68) 兵四进一　将6进1

(69) 兵四平三　将6退1　(70) 兵三进一　象3进1

(71) 兵三进一　象1退3　(72) 马六退四　卒4平3

(73) 马四进三　将6平5　(74) 兵三平四　卒3平2

靠住红方边兵，黑棋已经渡过了至暗时刻。

(75) 马三退五　士5进6

黑方及时调整双士的结构，冷静。

(76) 帅五平六　士4进5　(77) 马五退七　士5进4

(78) 马七进九　卒2平1　(79) 马九进八　士4退5

(80) 马八进九　士5进4　(81) 马九退八　士4退5

(82) 马八进七　卒1平2

下一步只要用卒遮住红帅，黑方守和已不难。

㉘ 马七退八　卒2平3　　㉙ 马八退七　士5退6
㉚ 帅六进一　士6进5　　㉛ 马七退九　卒3平4
㉜ 马九退八　卒4平3　　㉝ 马八进七　卒3平4
㉞ 马七进五　卒4平3　　㉟ 马五进七　卒3平4
㊱ 马七退八　卒4平3

黑卒离肋线不宜太远，一旦红方准备卧槽叫杀，黑卒只要能够防守到位，红方就无法形成杀棋。

㊲ 马八进七　卒3平4　　㊳ 马七退五　卒4平3
㊴ 帅六退一　卒3平2　　㊵ 马五进三　卒2平3
㊶ 马三退四　卒3平2　　㊷ 马四退五　士5退6
㊸ 马五进三　卒2平3　　㊹ 马三进五　卒3平4
㊺ 马五进七　卒4平3　　㊻ 帅六进一　士6进5
㊼ 马七进五　卒3平4　　㊽ 马五退六　将5平4（和棋）

第26局　中国　孟辰　胜　越南　赖理兄

① 马八进七

双方慢棋弈和后，换先加赛快棋。孟辰特大放弃对攻激烈的中炮布局，选择柔性十足的起马局，有意在对局中保持平稳的心态。

①……　　　卒3进1　　② 马二进一

跳边马同样是一步战略上的选择，在某种程度上来说，上一局死里逃生的孟特大心态要更为放松一些。而"煮熟的鸭子飞了"的赖理兄在心态上不可避免地会受到一定的冲击。两个人谁能做到平常心，把精力更好地集中到新的对局中，谁就能占得先机。

②……　　　马2进3　　③兵一进一　卒7进1

这一回合中红方挺边兵与上一着马二进一在思路上是连贯的。而黑方这着卒7进1单从着法上来看无可厚非，不过从实战进程来讲，卒7进1后黑方并没有选择马8进7等后续着法与之配合，似乎成了一步空着。这说明黑方卒7进1是一步下意识的本能反应，并没有真正做好布局上的准备，也反映出黑方棋手心态仍在波动之中，这将严重影响他的临场计算力和判断力。

④马一进二　车1进1　　⑤炮八平九

表面上看，红方平边炮是准备下一着车九平八出车，实际上则是借这着棋让黑方先表态。布局开始的时候，孟特大拟定的计划就是要下散手局，至于"散"到什么程度要看棋局发展而定。很多初、中级棋手认为散手局就是不走定式，只要做到"不按套路出牌"就可以了，其实这是非常错误的认知。散手局要比套路式布局更注重子力间架结构的合理性，讲求"形散而棋不散"。当前局面下，红方如果选择中规中矩的车九进一，黑方会迅速地找到布局的方向而选择车1平4，红方再走车一进一，黑方则可以车4进4，这样发展下去，红方的散手局就真的把阵形走"散"了。所以红方炮八平九这着棋带有试探性的目的，不失为一步巧手。

⑤……　　　炮8进5　　⑥炮九平二　马3进2

黑方跳外马封车，正着。此时黑方仍然来不及走马8进7，否则红方车九平八后，黑方如炮2平1，则车八进七！又如炮2进2，则车八进四巡河，无论是哪个结果，黑方都不太舒服。

⑦马二进四

继续控制黑方起正马的同时伏有马四进六捉双的手段。

⑦……　　　车1平4　　⑧车九进一　车9进2

黑方高车好棋，这是内线运子的"制高点"。就棋而论，黑方这几着棋应对得十分得当，局面上已经反先了。

⑨兵二进一

红方弃三兵准备强行开线。

⑨……　　　卒7进1（图52）

黑方冲卒也是可行之策，更为含蓄的走法是车9平8出车，以下红方如炮二平三，则车8进2，可控制局面不给红方开线的机会。又如红方炮二进七，则车8退2，车一进一，车8进7，相三进五，炮2平3，车九平八，马2进3，仕六进五，卒5进1，黑方子力位置要优于红方。

⑩马四进二

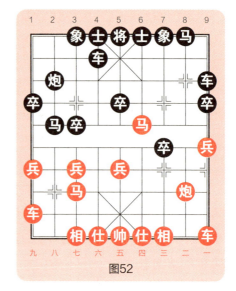

图52

红方顺利抢到马四进二这着棋，局面由此打开。

⑩……　　　卒7平8　　⑪车九平三　车9平7

⑫车一进一

现在红方最大的问题在于子力的调动滞后。在这样的情况下，如果再开放三路线，对红方会更加不利。临场孟特大决定通过车一进一形成霸王车，保持对三路线的封闭。

⑫……　　　卒8进1　　⑬炮二平五　卒8平7

黑方平卒，准备通过车卒配合，夺取线路的控制权。

⑭马二退四　车7进2

不知不觉中，黑方又错过一个扩先的机会。黑方不应捉马，而应改走更加灵活的车7平4，以后通过马2进1来创造战机。

⑮马四退三　马8进7　　⑯马三进五　车7进4

⑰车一平三

一番子力交换后，明显感觉到双方由互缠的局面变成了红方易走的局面。

⑰……　　　马7进6　　⑱马五进七　炮2平5

⑲ 兵七进一　士4进5

黑方补士稍缓，不如直接马2进3先压马，接下来伏有马6进4的手段。

⑳ 仕四进五　马2进3　㉑ 车三进八　马6进4（图53）

这里黑方再进马，棋已经慢了一着，红方下一步抢先平炮后，黑方已然受攻了。因此，黑方冷静的选择应该是马3进5换掉对黑方威胁更大的炮，黑方足可抗衡。

㉒ 炮五平二　炮5平8
㉓ 车三退二　炮8退2
㉔ 相三进五　车4进3

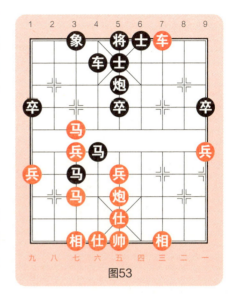

图53

黑方如改走马4进3，则炮二平七，炮8进4（车4进3，则炮七平八！黑车受限），车三平七，红方优势。

㉕ 马七进八　马4进6

黑方守不住只能放手一搏，但为时已晚。

㉖ 车三退四　马6退7　㉗ 马八进七　马7进9
㉘ 炮二进二　车4平8　㉙ 炮二进五　车8退4

交换以后，黑方少双象，并且3路马被困死，很难守和了。

㉚ 车三平一　马9退7　㉛ 车一平三　马7进9
㉜ 车三进三　马9进8　㉝ 前马退八

红方准备调整马位，利用卧槽马攻杀或者回马捉死黑方3路马。

㉝ ……　　　车8进5　㉞ 马八退六　将5平4
㉟ 马六退八（黑方认负）

孟辰特大获得第十八届世界象棋锦标赛冠军，并且是十八届赛事以来，唯一一位以全国亚军身份问鼎世界冠军的中国棋手。

第27局　中国 唐思楠 胜 越南 黎氏金鸾

① 炮二平五　炮8平5　② 马二进三　马8进7
③ 车一平二　卒7进1　④ 兵七进一

红方对挺七兵，预通马路。

④……　　　车9进1

黑方先挺7卒再出横车，虽无原则性错误，但感觉上，其战术衔接不够紧密。此着黑方较为合理的着法是炮2进4。

⑤ 马八进七（图54）

进马这着棋从战术细节上来讲，容易遭到黑方激烈的反击。稳健的选择是车二进四先进车巡河，黑方如续走车9平3，则兵三进一抢先兑兵，以下炮2进3，马八进七，卒7进1，车二进二，炮2退3，车二平三，马2进3，车九进一，红方子力出动速度快，黑方过河卒又被捉死，红方优势。

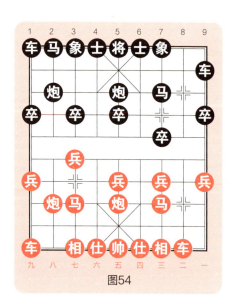

图54

⑤……　　　卒3进1
⑥ 兵七进一　车9平3
⑦ 兵七进一

进兵是红方布局中的要点，通过弃兵把黑车引入红马的攻击范围。

⑦……　　　车3进2　⑧ 马七进八　车3退1
⑨ 炮八进五

正确的次序。如直接走马八进六，则车3进5，马六进八，马2

进3，炮八进五，炮5平2，相七进九，象3进5，黑方反先。

⑨……　　　炮5平2　　⑩马八进六　车3进2

⑪车九平八

红方平车捉炮主动交换，简明。如马六进四，则车1进1，车九平八，炮2平3，相七进九，马2进1，黑方在防守中把子力走活，红方无趣。

⑪……　　　车3平4　　⑫车八进七　象3进5

⑬车八退三

红方退车准备兑兵活马，加强进攻。

⑬……　　　马2进4　　⑭兵三进一　车1平3

⑮马三进四　车4平3　　⑯车二进七

进车捉马抓住黑方弱点，但是行棋次序有误，应先走马四进三，以下前车平6，车二进七，车6退2，兵三进一，象5进7，车八平六，马4进2，兵五进一，红方优势更大。

⑯……　　　卒7进1

进卒败着！应改走马7进6，则兵三进一，象5进7，车二平六，后车平2，车八平九，卒1进1，车九平五，车2进1，车五进二，象7退5，黑方可抗衡。

⑰马四进三　前车平7　　⑱车二平三　车3进9

⑲车八平六　车3退8　　⑳车六进二

红方进车卒林线，准备通过炮五进四交换，消除三路线上车马受牵的弱点。

⑳……　　　卒7进1　　㉑炮五进四　马4进5

㉒车六平五　士4进5　　㉓车五退一

红方退车巧手，顺势保留中兵。

㉓……　　　车3进3　　㉔车五平七　象5进3

㉕车三进二　卒9进1　　㉖车三退一　卒7平8（图55）

黑方如卒7平6，则马三进一，车7退3，马一进三，将5平4，兵五进一，红方中兵同样可以过河。

㉗ 马三进一　车7平5
㉘ 车三退二　车5进2
㉙ 仕四进五　士5进4
㉚ 车三平九

图55

保留车马兵的配置，红方取胜的难度已经不大。

㉚ ……　　　车5平7
㉛ 相三进五　士6进5
㉜ 兵九进一　象3退5
㉝ 马一退三　车7平5
㉞ 马三退一　卒8平9
㉟ 马一退三　车5平3
㊱ 车九平一

红方平车后，既伏车马配合发动攻势，又有兵九进一的手段，黑方陷入两难。

㊱ ……　　　车3平1　㊲ 马三进五　车1退1
㊳ 车一进三　士5退6　㊴ 马五进六　将5平4
㊵ 车一平四

红方连破双士，黑方已难挽败局。

㊵ ……　　　将4进1　㊶ 车四退三（黑方认负）

"谢侠逊棋王杯"象棋国际公开赛

2023年一带一路"谢侠逊棋王杯"象棋国际公开赛于6月12日在浙江省平阳县举行。来自中国象棋协会、中国香港象棋总会、中国澳门象棋总会、中华台北象棋协会、马来西亚象棋总会、东马象棋总会、菲律宾象棋协会、越南象棋协会、意大利象棋协会、白俄罗斯象棋协会的190名棋手展开角逐。

本次赛事为个人赛,包括特级大师组和公开组。特级大师组共有16人参赛,其中男子10人、女子6人,进行男女混合编排同场竞技。公开组共有174人报名参加,其中包括28位港澳台棋手及海外棋手。

最终,蒋川夺得特级大师组冠军,王天一获得亚军。公开组中,程宇东获得冠军,孙逸阳获亚军。

第28局　上海 孙勇征 负 浙江 黄竹风

①炮二平五　马8进7　②马二进三　车9平8
③兵七进一

进七兵自成一个体系，红方活通左马保留右车的机动性，将来一路车有可能直出、横出或缓出。

③……　　卒7进1　④马八进七　马2进3

黑方进马后布成屏风马阵势严阵以待，也可走炮8平9，这样可以多一个车8进5侵扰红阵的手段，同时由于右翼按兵不动，会多一些还架中炮或飞右象再上拐脚马的变化。现在上马则保留了平边炮的机动性，可以说两种选择各具特色。

⑤炮八进二（图56）

红方先左炮巡河再开出右车，是对巡河炮原型的一种改进，也是近年来较为流行的一种布局阵势。其战略思想是通过兑三兵，既可活通右马，又可及时亮出左车，使两翼能均衡发展，着法新颖。此外红方另有车一平二和车一进一两种流行布局着法，双方都互有攻守。

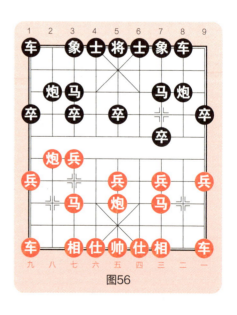

图56

⑤……　　象7进5

起左象是针对巡河炮的重要

对抗方案之一。其作用是在往后的某些变化中左车有平7的可能。

⑥车一平二

这是红方正确的次序。如兵二进一直接兑兵则没有好处，黑方可卒7进1，以下炮八平三，马7进8，伏车8平7的反击手段，黑方反先。

⑥……　　　车1进1　　⑦车九进一　车1平4

⑧车二进四

稳健的选择，红方继续构建河口防线。

⑧……　　　车4进6

进车捉马较车4进5更加直观，也是黄竹风特大比较喜欢的走法。如改走车4进5，则马三退五，车4平2，车九平六，士6进5，车六进三，炮2进2，车二进二，炮2退1，车二退五，卒1进1，兵三进一，红方先手。

⑨车九平七　　马7进6

黑方进马吸引红方二路车拦截，解决8路线车炮受牵的弱点。

⑩车二平四　车4退3　⑪车七平二

红方平车再次实施牵制，这是孙特大创新的战术。以往红方会选择马七进六主动交换，以下马6进4，炮八平六，炮2进5，炮五平六，车4平2，车七平八，炮8平7，相三进五，士4进5，双方大体均势。

⑪……　　　卒3进1　　⑫兵五进一　炮8进4

黑方进炮实施反封锁，阻止红方进中马。

⑬兵五进一　车4平5　⑭炮五退一

红方退炮忽略了黑方卒7进1的巧手。应改走车四平二，则车8进5，炮八平二，炮2进4，马七进五，逼黑方一车换双，红方仍持小先手。

⑭……　　　卒7进1　　⑮车四平三　车5平4

黑车抢到车5平4这个点，红方子力散乱的弱点就特别明显了。至此，黑方已经取得反先的局面。

⑯ 马三进五（图57）

盲目进马是红方本局失利的根源。红方冷静的下法是炮八退二，先以稳为主，不要急于进攻。以下炮2退1，相三进五，车8进3，车二进一，炮2平8，车三平四，后炮平6，车四平三，红方足可抗衡。

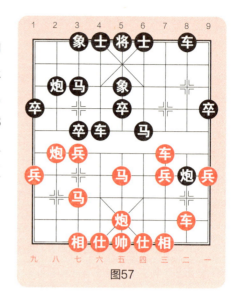

图57

⑯……　　　炮8平5
⑰ 炮五进五　马3进5

黑方弃车吃炮，算度精准。

⑱ 车二进八　　车4进3
⑲ 车三平五　　马5退7　　⑳ 车二退一　　车4平3

红方失子失势，投子认负。

第29局　广东 许国义 胜 四川 孟辰

① 兵七进一　炮2平3　　② 炮二平五　象7进5

从战略选择上讲，飞左象与飞右象异曲同工，均有柔中带刚的特点。但在战术运用上却同中有异，各有所长。二者同为对抗"仙人指路"的主流变例。

③ 马八进九

红方进边马，迅速出动左翼子力，是经过不断实践检验得出的最佳走法。如果仍走马二进三，则卒3进1，车一平二，卒3进1，马八进九，马2进1，车二进四，马1进3，炮五进四，士6进5。与象3进5的变例相比，黑方以后多了马8进6的手段。由此可见，红方再用此阵已不合时宜。

③……　　马2进1　　④车九平八

红方及时开出左车，正着！如改走马二进三，则车1平2，车九平八，车2进4，黑方易走。

④……　　卒1进1　　⑤马二进三　　马8进6

⑥车一平二　　车1平2

当前局面下，黑方为了避免右车被封锁，大多会选择车1进1出横车，以下炮八进五（如车二进四，则车1平4，炮八进五，车4进3，大体均势），车9平8，兵三进一，车1平2，马三进四，卒3进1，马四进五，卒3进1，马五进七，炮8平3，车二进九，马6退8，兵五进一，炮3进2，双方大体均势。实战中，孟辰特大明知红方有炮八进四封锁的手段，依旧"偏向虎山行"，选择出直车，棋局的发展顿时变得更加有趣。

⑦炮八进四　　卒7进1　　⑧炮五进四（图58）

严格来讲，炮五进四和炮八平五还是稍有区别的，红方炮五进四，黑方可走士6进5，以后保留兑车的机会。红方如续走炮五退一，则炮8平7，相三进五，车9平8，车二进九，马6退8，兵五进一，炮3退1，黑方足可抗衡。而红方如果走炮八平五，黑方不宜士6进5，否则车八进九，马1退2，前炮平六，红方伏有炮六进二的机会，大优。综上分析，红方要进行中路交换，应选择炮八平五而不是炮五进四。

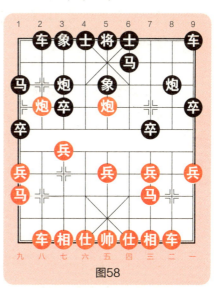

图58

⑧……　　　马6进5

黑方没有选择士6进5的下法,而是直接交换,这样与前面分析红方先走炮八平五的走法就殊途同归了。

⑨炮八平五　士6进5　⑩车八进九　马1退2
⑪马九进七　车9平6

平车占肋是一步不明显的缓着。黑方应改走车9平7,则马七进五,车7进3捉中炮,炮五平四,炮8平6,黑方阵形更为厚实,红方没有好的进攻机会。

⑫马七进五　车6进4

黑方失去进车威胁红方中炮的机会,防守上出现了纰漏。

⑬相三进五　马2进1　⑭车二进六　卒9进1

这是一个值得商榷的选择。黑方可以考虑改走炮3平2,则仕四进五,马1进2,炮五平一,炮2进1,车二进一,炮2平9,交换以后,黑方虽然少卒,但兵种好,足可抗衡。

⑮车二平一　炮8退2

孟辰特大意识到当前形势对红方有利,准备加强防守。此时退炮是想保持肋车不受牵制,红车沉底时,可以炮8平6掩护肋门。

⑯仕四进五　马1进2
⑰车一退一

许国义特大在当前局面下处理得非常耐心,退车吃卒积累物质优势的同时,伏有兵三进一的巧着,让黑车定位。

⑰……　　　车6平5(图59)

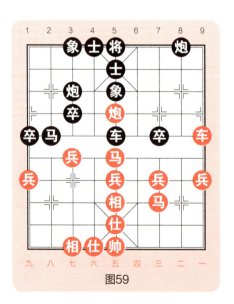

图59

平车捉炮导致局面复杂化。不如马2进4捉炮,红方如炮五平四,黑方则摆脱中炮威胁,可以考虑续走车6进2,对红方双马和中炮形成牵制。又如红方走车一平三，则车6平7，马五进三，炮3平1，简化局面，黑方局势尚可。

⑱ 炮五平四　　车5退1

为了应对下一着兵三进一的冲击，黑方还要退车调整。更为不利的是，黑车又退入马炮构成的"死胡同"中。

⑲ 兵三进一　　炮8平6　　⑳ 炮四退六

红方把后续进攻的线路放在四路线上，现在退炮就是准备打开四路线，进行子力调运。

⑳ ……　　马2进1　　㉑ 兵三进一　　马1进3

㉒ 马三进四

黑方这两着运马对红方威胁不大，红方进马捉车，发动进攻。

㉒ ……　　车5进1　　㉓ 兵三平四　　车5平2

㉔ 马五进四　　炮3退1　　㉕ 后马进六

红方进马后，已经完成了对黑方子力的切割。

㉕ ……　　马3退4　　㉖ 兵五进一　　车2进2

㉗ 炮四进四　　马4进3　　㉘ 车一进四

红方进车精准打击，准备马四进六弃马强攻，把四路线上的马炮兵三子进攻威力发挥到极致。

㉘ ……　　卒3进1　　㉙ 马四进六

以下黑方如续走士5进4，则车一平四，将5进1，车四平六，黑方败定。又如炮3平4，则后马进五，车2平7，马六退五，车7退4，炮四进五，车7平5，炮四平六，士5退6，炮六平四，红方炮碾丹砂，同样胜定。至此，黑方认负。

全国象棋锦标赛（个人）

作为象棋界的顶级大赛，全国象棋个人赛至今已举办了56届。在本次比赛之前，一代宗师胡荣华14次夺冠，是夺冠次数最多的棋手。许银川6次，吕钦5次，杨官璘、李来群、赵国荣各4次，王天一3次，柳大华、郑惟桐各2次，李义庭、徐天红、陶汉明、于幼华、洪智、赵鑫鑫、蒋川、孙勇征、谢靖、徐超、汪洋、王廓各1次。

2023年全国象棋个人赛仍然延续以往赛事的架构和规则，全程分为男子甲组、男子乙组和女子组三个组别进行。其中男子乙组采用7轮积分编排制，前32名晋级甲组，与等级分最高的前32名种子选手共同组成甲组的64名棋手，之后采用单败淘汰赛决出冠亚军。

最终，王天一击败孟辰斩获冠军，孟辰获得亚军。至此王天一成为个人赛继杨官璘、李来群、赵国荣之后，第四位四冠王。赵鑫鑫、王宇航、孟繁睿、聂铁文、曹岩磊、蒋融冰分获3～8名。女子组中，刘欢获得冠军，沈思凡、唐思楠、陈幸琳、李沁、王琳娜、梁妍婷、董毓男分获2～8名。

第30局 湖北 曹岩磊 负 成都 孟辰

① 兵七进一　炮2平3　② 相三进五

红方在这里常见的走法是炮二平五，也可能曹大师考虑到孟特大的战斗力超强，所以出于战略考虑，避其锋芒选择了飞相变例。

② ……　　　炮8平5　③ 马八进七　马8进7

黑方先开展左翼子力，迫使红方右翼子力定型。

④ 马二进四

进拐角马是灵活的选择。此时红方如果马二进三跳正马则棋形稍显呆板。黑方可车9平8，以下车一平二，卒3进1，马七进八，卒3进1，相五进七，车8进4，相七进五，炮3退1，兵九进一，马2进3，黑方满意。

④ ……　　　车1进1

针对红方的拐角马，黑方迅速出动横车，在布局上形成一个转换点。

⑤ 马七进八　车1平6（图60）

红方跳外马攻击黑方2路马，黑方平车反捉红马，这种互捉的形式就是布局中攻守的转换点。用着法演示就是这里黑方如马2进1避捉，则马八进九捉炮抢先，黑方再炮3平4避捉，红方车九

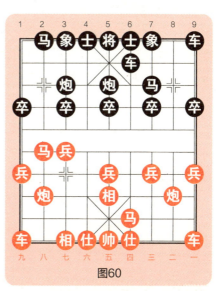

图60

进一护马的同时又有车九平六亮车的机会，黑方被动。实战中，黑方不逃马反捉红马，形成一个攻守的转换，确保布局不失先机。

⑥车一进一　马2进1　⑦兵九进一　车6进3

黑方抢占巡河车后，双方形成大体均势的局面。

⑧车九进三　炮5平6　⑨仕六进五　车9平8

黑方出车正着，如果炮6进6打马，红方可以先弃后取走炮二平四捉死黑炮，以下车9平8，车一平四，炮3退1，马八进九，炮3平9，兵九进一，红方优势。

⑩炮二平四　炮6进5　⑪仕五进四　炮3平6
⑫车一进一　车8进8　⑬炮八退一

曹岩磊有"弃子大师"的雅号，这着退炮打车又是一步先弃后取的抢先手段。黑方如车8平6吃马，则仕四进五打死车，红方优势。

⑬……　　车8退3　⑭兵三进一

红方进三兵被黑方利用，不如车九平六静观其变。

⑭……　　卒7进1　⑮兵五进一　卒7进1
⑯车一平三　车6平4　⑰仕四退五　马7进6

黑方进马准备下一着车4进4，利用对红马的围剿创造扩先的机会。

⑱相五进三

红方四路马已是无处可逃，如马四进五，则车4进4，炮八进一，卒7进1，车三退一，车4平2，车九退一，黑方有一着炮6进7打士的巧手，以下帅五平四，马6进5，黑方先弃后取，大优。

⑱……　　车4进4　⑲炮八进一　车4平3

黑方也可以直接炮6进6打马，以下车三平四，炮6平8，车四平三，炮8进1，车三退二，车8进3，黑方得子。实战中，孟辰特大选择放弃得子，强化攻势的下法亦是可行之策。

⑳马四进二　车3进1　㉑仕五退六　车3退4
㉒马八进九　车3平5

黑车在红方阵地中予取予求，不断扩大子力优势。

㉓仕六进五　象7进5　㉔车三平六　士6进5

眼见优势在手，孟特大也没有急于发动进攻，连续补厚阵形，节省时间成本的同时，伺机而动。

㉕兵九进一　炮6平8　㉖相三退一　车5平1
㉗车九进一　车8平1　㉘车六平四（图61）

红方如改走车六进三，则马6进7，炮八平七，马7进5，相一退三，马5进7，马二退四，车1平3，车六退三，马7退6，车六平四，车3进1，红方子力被压缩，黑方有多种扩大优势的选择。

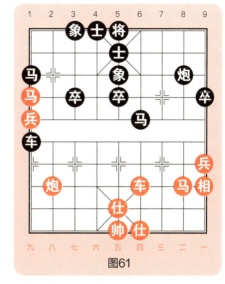

图61

㉘……　　　车1退1
㉙马二进三　炮8平6
㉚车四平五　马6进4
㉛车五进二　马4进2

以下红方如续走车五平八，则车1进5，仕五退六，马2进4，帅五进一，车1退6，黑方得子，红方遂投子认负。

第31局　黑龙江 聂铁文 负 杭州 王天一

①相三进五

面对实力强大的王天一特大，昔日棋坛四小龙之一的聂铁文大师选择飞相局，有意避开流行布局，以较量后盘功力。

①……　　　卒3进1

黑方以进3卒应对飞相局，近年来比较少见。

② 炮八平七

红方平炮瞄卒，是对付黑方仙人指路的主要着法。

② ……　　象3进5

黑方飞右象（逆象）是一路稳健的应法。如改走马2进3，则兵七进一，马3进4，兵七进一，马4进5，马二进四，红优。

③ 马八进九　卒7进1　　④ 车九平八　马2进4

⑤ 马二进四（图62）

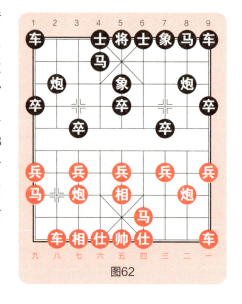

图62

红方此时选择马二进三或者马二进四是布局的一个分水岭。如选择马二进三，棋局之后的发展是马8进7，车一进一，马7进6，车一平四，马6进7，炮二退二，车9进1，炮二平三，炮8平7，车八进四，车9平8，双方对峙。而选择马二进四可以保留车一平三出相位车的机会，局面更复杂。

⑤ ……　　马8进7

⑥ 兵七进一　卒3进1

⑦ 兵三进一　马7进6

黑方抢先变着，进马不与红方进行纠缠。如走卒7进1，则车一平三，卒7平6，车三进六，黑方子力被压制，红方满意。

⑧ 兵三进一　马6进4　　⑨ 兵三进一

保留过河兵等于保住纠缠的机会。红方如改走炮七退一，则炮2平3，相五进七，车9进1，马四进六，炮3进6，马九退七，车9平6，红方虽然吃掉了黑方过河卒，但是子力位置欠佳，黑方易走。

⑨ ……　　车9进1　　⑩ 车八进六　车9平6

⑪ 车一进一　车1平2　　⑫ 炮七退一

红方退炮伏有相五进七吃卒的手段。

⑫……　　　炮2平3　　⑬车八平六　马4退6

红方平车时计算的着法可能是炮3进6，马九退七，后马进3，相五进七，红方顺利吃掉黑方过河卒。但是实战中王特大的这着回马枪杀得聂大师有些措手不及。

⑭车六平九　炮3进6　　⑮马九退七　卒3进1

⑯相五进七

但凡是对攻或对杀的局面，都绝不可手软，丝毫的退让都会带来重大的损失。此时聂大师飞相，是准备解决七路马受攻的问题，下一着马七进五跳到相对安全的位置。但是从实战的进程来看，这次调整反而被黑方利用。红方对抗性的着法是车九退二，以下马6退4，车九平六，前马进2，车六平七，车2进3，兵九进一，双方对抗激烈。

⑯……　　　车2进8　　⑰马七进五　马6进5

⑱仕四进五　马5退3

红方双马相对安全，但付出的代价很大。

⑲马四进三（图63）

更为要命的是这里红方做出了一个错误的计划——兑车。这个计划不好之处在于忽视了九路车的作用，把九路车排除在攻防焦点之外了。正确的选择是车九退二，以下马3退5，兵三进一，炮8进1，炮二平三，炮8平7，兵三进一，车6进1，车一平二，红方局势尚可。

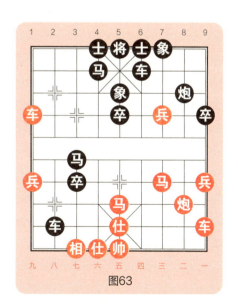

图63

⑲……　　　卒3平4

⑳车一平四　车6进7

㉑马三退四　卒4平5

㉒车九退二　马3退2　　㉓车九平六　前卒进1

黑方此时已经具备抢先动手的能力了。

㉔ 车六进四　前卒平6　㉕ 车六平二　卒6进1
㉖ 车二退一　车2退2

卒卡住帅门后，黑方退车准备车2平7叫杀，随后马2退4再马4进5寻找进攻的机会，思路清晰。

㉗ 车二平四　车2平8　㉘ 车四退五　马2退4
㉙ 仕五退四　马4进5　㉚ 炮二平三　车8平7
㉛ 兵三平四　马5进4

黑马跳到现在这个位置，红方就非常尴尬了。

㉜ 车四平六　卒6进1　㉝ 帅五平四　车7平6
㉞ 帅四平五　马4进6　㉟ 帅五进一　车6退3

连消带打，先吃掉红仕，再顺手牵羊吃掉过河兵。

㊱ 车六平五　卒5进1　㊲ 炮三退一　马6退8
㊳ 炮三平四　马8退7

以下黑方伏有卒5进1，车五平三，车6进3的攻击手段，红方认负。

第32局　浙江 王宇航 负 浙江 赵鑫鑫

这是本次比赛第三四名争夺战的第二盘对局，此前在第一局的争夺中赵鑫鑫特大执红战胜王宇航。本局王宇航执红必须要战胜赵特大才能获得加赛快棋的机会，如果弈和或失利就只能收获第四名的成绩了。

① 炮二平五　马8进7　② 马二进三　车9平8
③ 车一平二　马2进3

赵鑫鑫特大的布局是很有代表性的，他后手应对中炮进攻时，必走屏风马。

④兵七进一　卒7进1　⑤车二进六　炮8平9

⑥车二平三　炮9退1　⑦炮八平六

平炮形成五六炮的典型阵式，其布局特点是红方左右出子均衡，马炮之间可互相保护，深得稳健型棋手的喜爱。

⑦……　　　车8进5

开局阶段双方落子如飞，黑车骑河捉兵欲对红方左翼施压。

⑧马八进七（图64）

红方跳马正着。如改走兵五进一，则马3退5，车三退一，炮2平5，马八进七，车1平2，车三平六，炮5进3，仕六进五，马5进6，黑方呈反先之势。

⑧……　　　车8平3

⑨车九平八　车1平2

⑩车八进三

红方车进兵林线，以后通过兵五进一可充分发挥兵林车的策应作用。

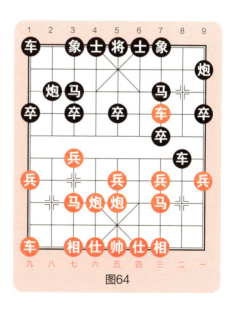

图64

⑩……　　　士4进5

补士是黑方布局的要点，以后可以充分发挥担子炮的防守作用，应对红方即将到来的攻势。

⑪兵五进一　炮9平7　⑫车三平四　炮2平1

⑬车八平六

平车占肋是红方改进后的着法。以前出现过车八平五强攻中路的选择，以下象7进5，兵五进一，卒5进1，车五进二，车2进6，车五退二，车2平3，仕四进五，卒1进1，红方子力位置受制，黑方反先。

⑬……　　　象3进5　　⑭马三进五　车3退1
⑮仕四进五　炮1退1

红方子力集中于中路，但是子力灵活性差，反而在局面上形成"愚形"，为黑方反击埋下伏笔。

⑯炮五平二　马7进8　　⑰车四平三　马8进7
⑱兵五进一

摆在红方面前的只有冲中兵在中路制造战机这一条路。

⑱……　　　卒5进1　　⑲马五进六　马3退4
⑳炮二进七　马7退5

黑方退马好棋，控制红方的反击路线。

㉑炮六平一

红方平炮稍急，应改走炮六平五从中路牵制。

㉑……　　　车2进4

黑方双车巡河防守好棋，继续遏制红方的进攻线路。

㉒车三平六

车被调到六路，红方原来构思的进攻计划被打乱。

㉒……　　　车3进3　　㉓相三进五　车3退3
㉔炮一进四

炮打边卒以后，双方重新展开激战。

㉔……　　　炮7平9
㉕炮一平五（图65）

平中炮严格意义上讲不是败着，但是这着棋改变了红方的进攻方向，自乱阵脚。可改走炮一退一，则卒7进1，前车平三，车2退2，炮一进二，车3平4，车六进二，车2进4，车六平五，双方仍是激烈对杀局面。

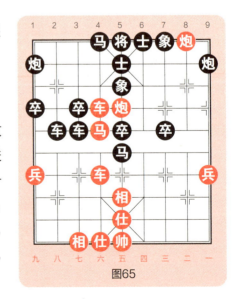

图65

㉕…… 马4进3 ㉖前车进一 车3平4
㉗车六平四 炮9平6

解杀的好棋，红方立刻陷入两难之中。

㉘车六平七 将5平4 ㉙炮五退二 卒5进1
㉚车七平五 车4平5

黑方借兑车抢占中路，准备从中路发动进攻。

㉛车五平三 卒5进1 ㉜车四进三 卒5进1
㉝车四平六

久攻不下红方走出了败着。顽强的走法是相七进五吃卒，消灭隐患。

㉝…… 将4平5 ㉞车三进二 卒5进1
㉟仕六进五 士5进4（红方认负）

第33局 杭州 王天一 胜 成都 孟辰

①兵七进一 马8进7

应对仙人指路的布局有很多种，常见走法是炮2平3利用卒底炮来削弱红方兵七进一的效率，或者卒7进1走成对兵局，以静制动。但孟特大却选择了不常见的起马来应对仙人指路，显然是有备而来，意在避开对方的赛前准备。

②兵三进一

红方再挺三兵形成颇具活力的两头蛇阵式。

②…… 炮2平5

孟特大的棋风凶悍，擅长中后盘的搏杀，此时架中炮即是他比较喜欢的变例之一。

③马八进七　马2进3　　④车九平八　车1平2

⑤炮八进四

进炮封车，锋芒毕露。王天一特大的棋风向来直接，在行棋着法上多会选择那些气势逼人的压迫性着法。

⑤……　　马3退1　　⑥炮八退五（图66）

这里王特大也没有选择常见的炮八进一，马1进3，炮八退一，马3退1……与黑方纠缠几个回合的变化，而是干净利索地直接退炮到二路线，显示出极强的自信。

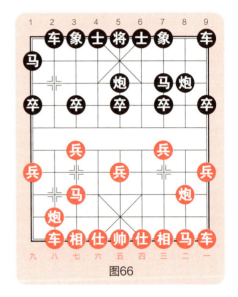

图66

⑥……　　车9进1

黑方快速出动横车弥补双马位置不佳的弱点，符和棋理。

⑦马二进三　车2进4

高车巡河准备利用卒7进1进兵活马，这是一路稳健发展的行棋方案。黑方更积极的走法是车9平3，则相三进五，卒3进1，兵七进一，车3进3，马三进四，炮5平3，双方对峙。

⑧相三进五　卒7进1

兑7卒是黑方的既定方案。其实黑方更灵活的选择是卒3进1，以下兵七进一，车2平3，马三进四，车3平6，炮二进二，车6平3，马七进六，车9平2，牵制住红方无根车炮后，黑方双车的效率更高。

⑨炮八平三　车2进5　　⑩马七退八　卒7进1

⑪炮三进三　马7进6　　⑫马八进七　炮8平6

⑬炮二平一

双方子力交换以后，暂时形成一个平稳的局面。在这样的局面下其实最考验棋手的功力，红、黑双方都要找到一个比较明显的发展方向。此时，王特大炮二平一摆明是要利用右翼子力集中这个优势，率先在黑方左翼制造进攻的机会。

⑬……　　　车9平8　　⑭炮一进四　车8进2

⑮炮一退一　马1进3

进马并非明显的错着、软着，但这着棋暂时发挥不出或攻或守的作用，与之后棋局发展的走向有些不和谐。可以考虑车8进3进兵林车，以后通过炮5进4强行交换，局势更稳健。

⑯仕四进五　车8进4　　⑰车一平三　炮5平4

⑱车三平二（图67）

弃马兑车是一步好棋！这着棋的好处在于黑方如果车8进2兑车，则马三退二，炮4进4，炮三进一，象3进5，炮一平四，象5进7，兵一进一，红方可持先手进残局。同时这着棋给了黑方一个看似可以得子的机会，实则暗布陷阱。

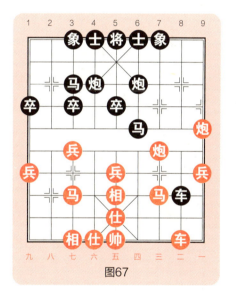

图67

⑱……　　　车8平7

吃掉弃马，体现出孟辰强硬的战斗风格。

⑲炮一平三　车7平9

⑳后炮进五　将5进1

面对王特大行云流水般的攻击，黑方选择将5进1应将，急于把黑将转移到安全的位置。但是黑方如士6进5应将，红方可以车二进三先困一着车，以后再平边炮，黑方也很难处理。

㉑车二进八　炮6退1　　㉒后炮平一　车9退1

㉓炮一进三　车9进3

黑方如改走马6退8，其防守效果也不理想，红方炮一平四，马8退6，炮三退一，将5退1，车二退三，炮4平5，炮四平八，红优。

㉔仕五退四　炮4退1　　㉕仕六进五　马6退8
㉖炮一平四　马8退6　　㉗车二退一

红方这步棋也可选择车二平三，更为严厉。

㉗……　　　将5平6　　㉘炮三退七

退炮以后，黑方防线破碎。

㉘……　　　车9退5　　㉙炮三平四　马6进7
㉚车二平七　马7进8　　㉛车七退一　车9平5
㉜车七平六　将6平5　　㉝马七进八

黑方见难以防守红方马八进七得子的手段，投子认负。

第34局　杭州 沈思凡 胜 云南 赵冠芳

①炮二平六

红方首着平炮过宫，使子力集中于一翼，是一种可攻可守的下法。

①……　　　马8进7

黑方以起左正马应对过宫炮，意在迅速开出左直车，续有过河炮和三步虎等手段，对红方右翼实施封锁与反击。

②马二进三　车9平8

黑方亮出左直车，是针对红方过宫炮和右车的出动，准备接下来红方如续走车一平二则炮8进4升炮封压，以便尽快遏制红车的进攻势头。

③马八进七　卒7进1　　④炮八平九　马2进1

进边马是一个有趣的选择，之所以说有趣是因为当前局面下女子棋手多走马2进1避免在开局出现短兵相接的局面，而男子棋手多走马2进3跳正马保持复杂变化。

⑤车九平八　车1平2　　⑥车一进一

起横车准备车一平四再车四进三，既占巡河又占肋道，加强局面控制。

⑥……　　士6进5

补士避开红方炮六进五的骚扰，准备下一着象7进5，通过厚实的阵形与红方打持久战。如卒3进1，则相七进五，象7进5，炮六进五，马7进6，炮六平九，象3进1，车八进四，炮8平6，炮九进四，红方稍好。

⑦车一平四　象7进5（图68）

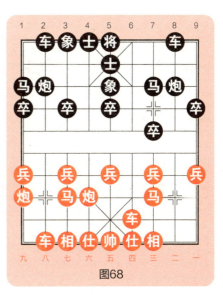

图68

从当前双方的阵形来看，黑方厚实，红方灵活，各有所得。此时的积分情况是沈思凡大师与陈幸琳特大同积15分，沈思凡大师小分稍高暂时排在第2名，而赵冠芳特大则积13分，暂列第8名。在这样的积分形势下，赵冠芳特大制订了稳中求胜的策略，尽量把每一着棋都走"结实"，不给红方过多的进攻机会。沈思凡大师如果要保亚争冠则需制造更多的机会力争拿下这盘棋。并且还要寄希望于陈幸琳特大战胜刘欢大师。总之，两位大师在这盘棋的布局策略上是花了一番心思的。

⑧相七进五　卒3进1

黑方冲3卒是要点，充分利用红方七路马的弱点进行布阵。由此可见，上一着红方飞相求稳，不如改变行棋次序先走车四进三更为严谨，黑方如仍走卒3进1，则兵七进一，车8平6，车四平二，炮8进2，此时再选择相三进五或相七进五，红方都可满意。

⑨ 车四进三　炮2平3　　⑩ 车八进九　马1退2
⑪ 兵七进一　车8平6

黑方邀兑车形成一个封闭的局面，黑方如卒3进1，则车四平七，炮3进5，车七退二，马7进6，炮九进四，双方都少了牵绊，阵形开扬。

⑫ 车四平二

要保持争胜的机会，红方必然不会选择车四进五，将5平6，马七进八，卒3进1，相五进七，炮3平1这样平稳的变化。由此可见，上一着黑方车8平6兑车确实准确地把握住了对手的对局心态。

⑫ ……　　　　炮8进2　⑬ 马七进八　卒3进1

既然上一着黑方已经走炮8进2巡河，此时再走卒3进1兑卒在行棋上就有"脱节"的嫌疑，并且这着棋让红方打开了封闭的局面给后面对局带来了更多的不确定性。黑方冷静的选择是车6进4巡河，以下兵三进一，卒7进1，车二平三，炮8退3，双方仍是对峙的局面。

⑭ 车二平七　炮3平4　⑮ 马八进七　车6进4

红方上一着马八进七是比较隐蔽的攻击手段，实战中黑方没有察觉到，误以为可以通过巡河车的策应化解红方的攻势。事实上黑方冷静的选择是炮8退3先守一着，以下马七进六，炮8平4，炮六进六，车6进4，炮九平七，象3进1，炮六平九，车6平2，在黑方的严密防守下，红方难有作为。

⑯ 马七进六　车6平2　⑰ 车七进五　马2进1
⑱ 车七退二　象5进3　⑲ 炮九进四

在红方连续的进攻下，黑方防线逐渐松动，由此陷入被动。

⑲ ……　　　　炮8退3　⑳ 车七平八　车2退2
㉑ 马六退八　象3退5

换车以后，黑方少象少卒，红方优势明显。

㉒ 兵三进一　卒7进1　㉓ 相五进三　炮8平7
㉔ 马三进四（图69）

此时棋手心态已经发生变化，红方争胜机会很大，于是放弃防守全力进攻。

㉔……　　　炮7进4
㉕炮六平五　　马7进8
㉖马四进六　　马8进7
㉗炮五进四　　炮7进4
㉘帅五进一

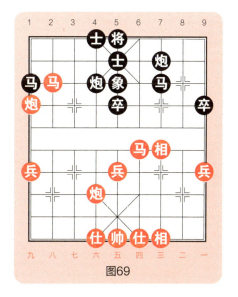

图69

红方上一步帅好棋，不难发现黑方虽得双相但对红方影响不大，反倒是黑方防守上已是捉襟见肘。

㉘……　　　将5平6　　㉙马六进五　　将6进1
㉚炮五平四　　士5退6

黑方如将6进1，则马五退六，炮4平5，马六进五，将6平5，兵五进一，红方胜势。

㉛马五进六　　将6平5　　㉜炮四平五　　炮4退1
㉝炮五退一　　将5退1　　㉞马六退八　　炮4平3

黑方平炮困马，只能是延缓红方的进攻速度而已。

㉟帅五平六　　将5进1　　㊱后马退六　　将5平6
㊲马六进七　　马1退3　　㊳炮九进二　　马7退6
㊴兵五进一　　炮7退1　　㊵仕六进五　　马6退5
㊶帅六进一　　马5退3　　㊷帅六平五　　马3退2

黑方的防守也可谓非常顽强了，退马形成连环马，暂时化解危机。

㊸炮九平七　　马2退3　　㊹炮五平三　　炮7平8

红方中兵和九路边兵成为制胜的关键，黑方其实已经是败局难挽。

㊺兵五进一　　炮8退8　　㊻兵五进一　　士6进5
㊼炮三进四

红方进炮不给黑方炮8平5捉兵的机会。

㊼…… 炮8平9 ㊽马八退七 炮9进6

㊾炮三退八 炮9平5 ㊿仕五进四 将6退1

(51)炮三平七

红方平炮打马为兵五进一埋下伏笔。

(51)…… 马3进2 (52)兵五进一 将6平5

(53)兵五进一 将5进1 (54)炮七平五 马2进3

(55)马七退六 马3进1 (56)炮五进二（黑方认负）

第35局 北京 刘欢 胜 广东 陈幸琳

全国象棋个人赛第10轮过后，刘欢大师积16分，陈幸琳特大积15分，最后一轮两人直接对话，本盘棋的结果直接决定冠亚军的归属。

①炮二平五 马8进7 ②兵三进一

积分领先的一方往往会采用稳健的布局策略。红方抢挺三兵，作战计划明显，将棋局直接限定在中炮进三兵的范畴之内。

②…… 车9平8 ③马二进三 炮8平9

积分落后的一方，往往会选择一些出人意料的布局，通过不走寻常路来谋求出奇制胜的效果。黑方此时选择平边炮布成三步虎阵势，如改走卒3进1，则车一平二，马2进3，双方将形成中炮进三兵对屏风马进3卒的流行布局。

④马八进七 卒3进1 ⑤炮八平九

在多年前的全国象棋女子甲级联赛上，刘欢与陈幸琳交手时在这里选择了炮八进四的攻法，以下马2进3，炮八平七，车1平2，车九平八，炮2进2，车八进四，卒7进1，兵七进一，卒3进1，最终双方激战成和。

⑤……　　　马2进3　　⑥车九平八　车1平2

⑦车八进四（图70）

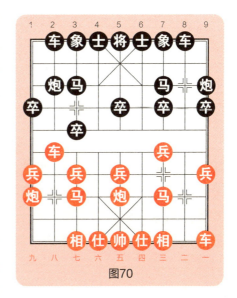

图70

高车巡河灵活，这里红方做出两手准备，一是黑方如平炮兑车，红方可顺势炮打边卒再在卒林线上对黑方子力进行抑制，二是黑方如不兑车选择车8进4，则车一平二抢兑右车。

⑦……　　　炮2平1

⑧车八进五　马3退2

⑨炮九进四

炮打边卒是红方计划中的着法。如改走车一进一，则马2进3，车一平六，车8进4，红方布局有些拖沓，黑方满意。

⑨……　　　马2进3　　⑩炮九平七　马3进1

⑪炮七平三　马1进2　　⑫马七退五　象7进5

⑬马三进四　车8进8

红方连扫双卒，黑方加速运子，双方各有所得。此前隐忍多时的陈特大此时主动发起进攻，进车下二路线伏有车8平6的手段，让红方表态。

⑭马五进三　卒9进1

进边卒后还要再进一步边卒才能对红方产生冲击，这里就不如改走士6进5补厚阵形，以后再通过炮1平3来谋兵更实惠。

⑮仕四进五　卒9进1　　⑯车一平二　车8进1

⑰马三退二　炮9进4

其实我们从前面几个回合的着法来看，黑方车8进8时就已有了兑车的打算，希望以后通过炮打边兵对红方制造一些攻击。行棋至此，红方下一步要找到正确的进攻方向，而黑方则要把两边分散的子力调运到一侧。

⑱ 马二进三　炮9平3　　⑲ 炮五进四　马7进5
⑳ 马四进五　卒3进1　　㉑ 相三进五　炮3平4
㉒ 马三进四　卒3进1　　㉓ 兵九进一

无车局的纠缠中，兵卒的作用会得到强化，黑方现在暂时没有好的进攻选择，下一步的主要任务放在谋兵上。

㉓ ……　　　士6进5　　㉔ 马五进七　卒9平8
㉕ 马七退六　卒8平7　　㉖ 相五进三　象5进3（图71）

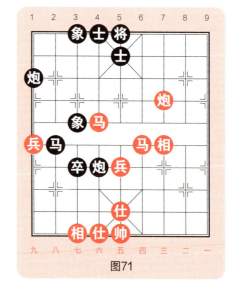

图71

熟悉残局常识的人都知道，无车局中，在双方大子相等的前提下，多双兵的一方取胜的机会很大。黑方避兑就是希望通过保留大子，增加谋兵的机会。

㉗ 相三退五　炮4退1
㉘ 相五进七

红方飞相是保留变化的选择，如改走兵九进一，则卒3平4，兵九平八，马2退4，马四进六，卒4平5，兵八平七，红方失去中兵，损失比较大。

㉘ ……　　　马2退3　　㉙ 马四进五　马3进5
㉚ 炮三退三　炮4平1　　㉛ 马五退七　前炮进1
㉜ 炮三平七　后炮平5　　㉝ 相七退五　象3进1
㉞ 马六进五　象1进3　　㉟ 马五进三　将5平6
㊱ 兵五进一

红方中兵得以保留，但是想要赢棋难度还是很大的。

㊱ ……　　　马5退4　　㊲ 炮七平四　炮1退5

㊳马三退二　将6平5　㊴马二退三　炮1进3

㊵炮四平六

红方准备炮六进三掩护中兵过河。

㊵……　炮1平2　㊶炮六进三　士5进6

㊷兵五进一　士4进5　㊸兵五进一

红兵过河后，进入一个相对安全的地带，下一步的任务就是伺机破象。在残局中有一个技巧就是“逢单先捉”，指的是当一方出现单士或单象的时候，要先攻击这个失去保护的单子，这样最容易成功。

㊸……　炮2退3　㊹仕五进四　炮2平1

㊺炮六退五　炮1平2　㊻仕六进五　炮2平1

㊼相七进九　炮1平2　㊽相五进七

红方飞起边相与七路相，配合中兵，控制黑象的转移线路。

㊽……　炮2平1　㊾兵五平六　马4退6

严格来讲，黑方退马避开红方的攻击是正常的选择。但是黑马退6后的位置不佳，参与防守时的作用大大降低，这样等于给了红方更多的进攻空间和时间，导致局面更加被动。黑方冷静的选择是马4退3，则马三进二，马3进2，仕五进六，将5平6，黑方马、炮协防，红方进攻要大费周章，黑方守和机会大增。

㊿炮六平七　炮1进4

(51)马三进五　象3退1

(52)马五进七　象1退3

(53)相七退五　象3进5

(54)马七进九　马6进8（图72）

黑方这里走象5进7要顽强一些，但是红方可炮七进三，以下炮1退1，炮七进一，将5平6，马九进七，炮1进1，炮七平四，牵死黑马，以后马兵配合，黑方

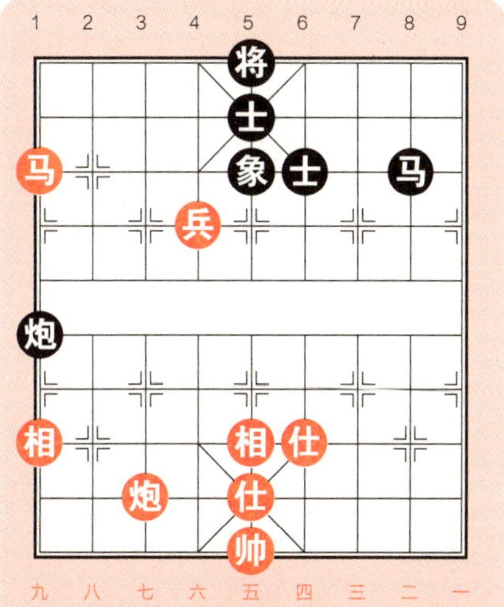

图72

也不好应对。

(55) 马九进七　将5平6　(56) 炮七进三　士5退4

(57) 炮七平四　士6退5　(58) 马七退五

红方破象以后，黑方防守压力更大。

(58) ……　炮1退4　(59) 炮四进一　马8进9

(60) 相九进七　炮1平4　(61) 炮四平二　马9退8

(62) 炮二平七　马8进9　(63) 炮七进四　将6进1

(64) 炮七退一　将6进1　(65) 马五退四　马9退7

(66) 相五进三

临场刘欢大师观察到黑方将位不佳，准备飞相、支仕利用红帅助攻。

(66) ……　马7进5　(67) 仕五进六　将6退1

(68) 帅五进一　将6进1　(69) 相七退九　将6退1

(70) 相三退一　将6进1　(71) 相一退三　将6退1

(72) 相三进一　将6进1　(73) 相一退三　将6退1

(74) 相三进一　将6进1　(75) 马四进二　将6退1

(76) 马二退四　将6进1　(77) 马四进二　将6退1

(78) 马二退四　将6进1　(79) 兵六平五

双方各走几步闲着增加比赛可用时，红方现在找到进攻线路，发起进攻。

(79) ……　马5退3　(80) 马四退二　马3进5

(81) 马二进四　马5退3　(82) 马四退二　马3进5

(83) 马二进四　马5退3　(84) 马四进六　马3退1

(85) 兵五进一　将6退1　(86) 兵五平四（黑方认负）

第五届全国智力运动会象棋赛

第五届全国智力运动会象棋比赛在安徽省合肥市开赛。该项赛事由国家体育总局棋牌运动管理中心主办,安徽省体育局、合肥市人民政府承办,合肥市体育局、包河区人民政府协办。

比赛于2023年10月26日开赛,11月4日收官,共设专业组男子团体、专业组女子团体、专业组男子个人、专业组女子个人、青年组男子个人、青年组女子个人、公开组男子个人、公开组女子个人、少年组男子个人、少年组女子个人、大学生组混合团体等11个竞赛项目。共有来自全国30个省(区、市),新疆生产建设兵团以及4个计划单列市,3个行业体协,共38个参赛单位490名棋手报名参赛。此外,为了促进全民健身,传播象棋文化,本届智运会象棋比赛还设置大众公开组,包含亲子组、社区(乡镇)组两个小项。

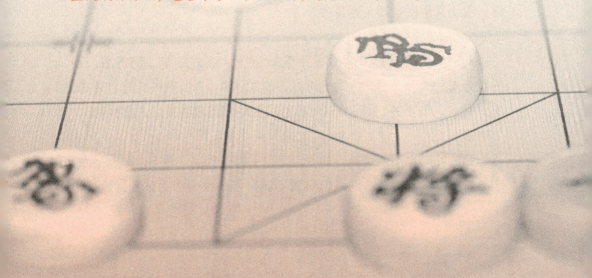

第36局 四川 孟辰 负 湖北 汪洋

① **兵七进一** 卒7进1　　② **马八进七** 马8进7
③ **炮二平五** 马2进3

双方由对兵局列阵，三个回合后，"画风"突然转变成中炮对屏风马进7卒的阵形。

④ **马二进三** 车9平8　　⑤ **车一平二** 炮2进4

右炮过河是当前局面下最积极的下法，需要指出的是，有些棋友在这里习惯走炮8进4，则炮八进二，将来可以兵三进一兑兵活马扩大先手，所以炮8进4实不可取。虽同样是进炮，但效果不同。

⑥ **车二进四**

红方高车巡河，避免了黑方双炮过河的变化。

⑥ …… 炮2平7

平炮打兵的走法一度被认为是一种操之过急的下法，不如炮8平9稳健，但是近年来棋手们发现炮2平7的走法可以保留复杂的变化，这一变例又重回全国大赛舞台。

⑦ **相三进一** 车1平2

此时黑方再走炮8平9就不合时宜了，红方应车二进五后，双方续走着法为马7退8，马七进八，车1进1，车九进一，车1平4，车九平七，车4进5，马八进七，红方在中路抢攻在先，占据优势。

⑧ **车九进一** 炮8平9　　⑨ **车二进五**（图73）

红方此时也不能避兑，如改走车二平四，则象7进5，车九平六，士6进5，红方双车占肋看似位置不错，但是作用相对重复，效率不高，以后黑方有车2进6的棋，黑方双直车攻击作用要好于红棋，黑方反先。

⑨……　　马7退8
⑩炮八平九　马8进7
⑪车九平四　车2进4

黑方进巡河车后，阵形联络紧密，双方大体均势。

⑫兵五进一　士4进5
⑬车四进二

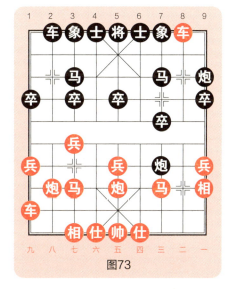

图73

先冲中兵再进车捉炮是正确的次序。如果第12回合先走车四进二，则马7进6，兵五进一，炮9平6，车四平六，士4进5，仕四进五，象3进5，黑方阵形厚实，红方又没有明确的攻击点，黑优。

⑬……　　马7进8

这正是红方兵五进一时要实现的结果，黑方此时是不能走马7进6的，否则兵五进一，车2平5，马七进五，马6进5，炮五进三，马5退3，炮五退三，红方得子大优。

⑭兵五进一　卒5进1　⑮马七进六　卒5进1
⑯马六进七

这是一步不明显的软着。红方宜走车四进一，则炮7平3，车四平二，车2平4，车二平五吃掉过河卒，以下马8进7，炮九平六，马7退5，炮六进三，象3进5，仕四进五，这样红方能少很多的后顾之忧。

⑯……　　炮9平5

黑方通过兑子的手段，补厚中路，是化解中路压力的好棋。

⑰炮五进五　象7进5　⑱炮九平五

黑方中象已经飞起来，中路毫无顾忌。这样看起来，红方放黑卒过河的代价有些太大了。

⑱……　　　车2退1　　　⑲马七退五　车2进1

⑳仕四进五　车2进5

黑方进车捉相，严厉的手段。

㉑兵七进一　车2平3　　　㉒兵七进一　车3退2

㉓炮五平六　马3进5　　　㉔兵七平六　车3退3

黑方先进车吃相造成中炮失根，再回车捉炮，迫使红方中炮移到仕角。此时再退车捉马，以位置相对差的中马换取红方位置更好的中马，步步紧逼，先手进一步扩大。

㉕炮六平五　马5退7　　　㉖马三退二　车3平4

㉗马二进四　炮7进2

黑方进炮是攻守两利的好棋，红方顾此失彼。

㉘兵六平七　炮7平9　　　㉙兵七进一　炮9退2

㉚兵七进一　卒5平6　　　㉛马五进四　将5平4

㉜兵七进一　将4进1　　　㉝车四平八　士5进6

如图74所示，红兵已经成为老兵，攻击作用不大，吃掉红马后，黑方只要防住红方的攻势，即可转换成黑方多子的局面。

㉞车八进五　将4进1

㉟马四进五　车4进2

㊱车八退三　象5进3

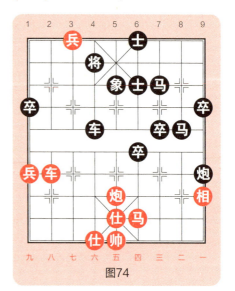

图74

献象好棋，活通黑将的空间。

㊲车八平七　卒6平5

逼退红方中马是黑方反击前的重要环节。

㊳马五退三　炮9平1

㊴炮五平六　车4平2

红方车、炮、兵的位置太差，黑方进一步控制局势。

㊵车七平六　将4平5　　　㊶车六平五　将5平4

㊷ 车五平六　将4平5　　㊸ 炮六平五　车2平5
㊹ 炮五平九　车5进1　　㊺ 车六平五　将5平4
㊻ 马三进四　车5平1

算准红方车马无法成杀后，黑方再吃一子，双方物质上的差距进一步拉大。

㊼ 车五退一　马7进6　　㊽ 车五退一　炮1退1
㊾ 车五平六　将4平5　　㊿ 马四进六　将5退1
㉛ 车六平八　将5平6

红方失子失势，认负。

第37局　浙江 赵鑫鑫 负 河北 申鹏

① 炮二平五　炮8平5　　② 马二进三　马8进7
③ 车一平二　卒7进1

黑方先进7卒疏通左马的进路，即形成"顺炮直车对缓开车"的布局。黑方缓开车具有以逸待劳、灵巧多变的战术特点。

④ 马八进七

红方跳正马强化中心区域的控制力，是现代布局发展的趋势，在斗炮局中这一点显得尤为重要。

④……　　　　马2进3

黑方同样跳正马针锋相对，颇具弹性。

⑤ 兵七进一

红方进七兵是常见的下法，如改走车二进四，黑方可顺势车9平8邀兑，以下红方如走车二平七，黑方则有象3进1或炮2退1两种选择，均可从容应战。

⑤……　　车1进1

黑方抬右横车乃战理使然，符合"缓开车"的战略初衷。如改走车9进1，则车二进四，黑方失去了车9平8邀兑争先的机会，以下红方可兵三进一从容兑兵活马，扩大先手。除此之外，黑方另一路主流变化是炮2进4右炮过河，以下马七进八，车9进1，车九进一，车9平4，仕四进五，炮2平7，车九平七，红方先手。

⑥炮八进二

伸炮巡河，其目的是伺机兑去三兵后可畅通马路，这是红方最为稳健的选择。

⑥……　　车1平4

黑方如改走马7进6，则车二进四（兵三进一？卒7进1，炮八平三，车1平7，相三进一，马6进7，黑方反先），马6进7，炮五平六，接下来再相七进五，红方仍持先手。

⑦兵三进一

红方邀兑三兵开通马路又可将炮调至右翼为左车让路。

⑦……　　车9平8

黑方邀兑窝车，虽在此损失了一步棋，但可用右车出动较快而作补偿。

⑧车二进九　马7退8

⑨车九进一（图75）

乍看之下，此时红方似乎走兵三进一更为直接，为啥实战中赵鑫鑫特大还要先车九进一呢？仔细分析不难看出，红方如兵三进一，则车4平7吊住红方三路线，以下马三进四，车7进3，炮五平三，卒3进1，兵七进一，

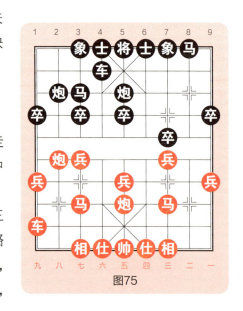

图75

车7平3，相七进五，车3平6，黑方巡河车的效率太高，红方显然是要亏一些的。如红方再续走马七进六，则炮5进4，仕六进五，车6平3，黑方大子俱活，明显占据优势。

⑨……　　　车4进6　　⑩车九平七　炮5平7

红方不冲三兵，黑方同样不宜冲7卒给红方调形的机会。平炮牵制，正确的选择。

⑪仕四进五　车4退6　　⑫兵五进一

在红方两翼攻势不好展开的情况下，冲中兵在中路展开攻势是赵鑫鑫特大做出的战略选择。

⑫……　　　卒7进1　　⑬马三进五　卒7进1

此时炮打底相也是一种选择，以下马五进三，车4平8，兵五进一！这样走黑方子力虽然也能有所集结，但是仍然不够，而且中路防守单薄，欠着一步防守的棋，强行实施此方案必然是弊大于利。

⑭兵五进一　卒7平6　　⑮马五进六　象7进5
⑯马六进七　炮7平3　　⑰兵五进一　士6进5
⑱炮五进五　炮2平5　　⑲兵五进一　车4平2
⑳车七平六

红方平车细腻，相当于打了一个时间差。如兵五进一贪吃黑士，则士4进5，车七平六，卒3进1，黑方抢攻在先，红方只能车六进三先守一着，黑方再马8进7，红方有受攻的感觉。而选择先平车，黑方如象3进5吃兵，则车六进五，卒3进1，车六平七，红方先手。

⑳……　　　卒3进1

黑方审时度势之后，决定冲3卒以打破僵局，同样是正确的选择。

㉑车六进五　卒3进1　　㉒车六平七　车2进1

这里就看出来红方不走兵五进一的好处所在，如果此时中兵不存在，黑方可炮3平5借打将之机先手逃炮，黑方大优。

㉓炮八进二　马8进7　　㉔相三进五（图76）

当前局面要解决红马的问题，红马活则全盘活。红方从这着飞相开始，设计出来一个逃马的方案。不过从实战进程来看，红方这个方案过于保守，反给黑方带来大量的反击机会。

㉔……　　　　卒3进1

㉕马七退八　卒3平2

㉖兵九进一

挺边兵过缓，不如相七进九先调整。

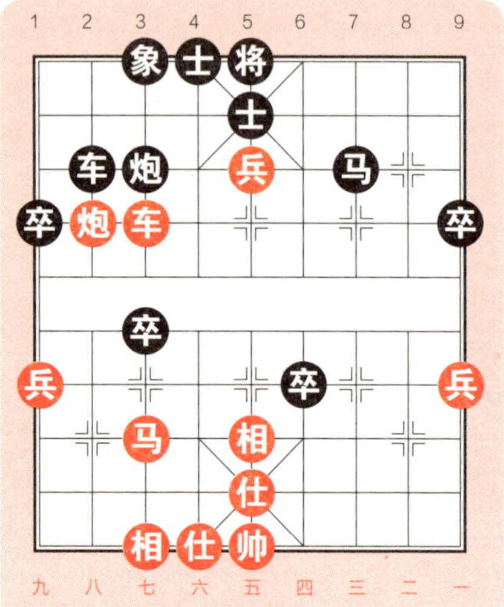
图76

㉖……　　　　卒2进1

㉗相七进九　象3进5

㉘相九进七　马7进6

㉙马八进六　马6进4

进马以后，红方子力完全被控制，举步维艰。

㉚车七平六　马4进5　　㉛帅五平四　马5进7

㉜车六平三

红方如改走车六平四，则象5退3，马六进八，炮3平6，炮八平五，将5平6，马八进六，卒6平5，车四平三，马7退6，帅四平五，卒5平4，黑方得子大优。

㉜……　　　　炮3进2　　㉝马六进五　象5进7

黑方飞象好棋，一着将军脱袍锁定胜局。

㉞马五进六　卒9进1　　㉟车三平四　车2平6

㊱炮八平七　将5平6

此时选择兑车亦是输棋，所以红方选择平炮意在寻找浑水摸鱼的机会。

㊲炮七进三　将6进1　　㊳炮七退一　将6退1

㊴车四平二　士5进4　　㊵帅四进一　卒6进1（红方认负）

第38局　石油体协 张欣 负 四川 孟辰

① 炮二平五　　马8进7　　② 马二进三　　车9平8
③ 车一平二　　马2进3

以上形成"中炮直车对屈头屏风马"布局的基本定式。

④ 兵三进一

张欣大师棋风素以稳健著称，面对攻杀犀利的孟辰特大，不出意外地选择了中规中矩的进三兵布局列阵。

④ ……　　　卒3进1　　⑤ 马八进九

左马屯边也是这一思想的反映，之后可随机布成五七炮或五八炮阵式。

⑤ ……　　　卒1进1

挺边卒制马，准备边线出车。

⑥ 炮八进四

红方伸炮过河，既可平三打卒，又可平七压马，是常用的进攻方法。

⑥ ……　　　象7进5

黑方上左象可防范红炮取卒牵制底线，是最为常见的应法。

⑦ 炮八平七

红方平炮正着，如打7卒威胁不到黑象，故顺势平七压马。

⑦ ……　　　车1进3

黑方升卒林车捉炮是反击佳着，先诱红炮打7卒，然后在追击红炮的过程中伺机反击。

⑧ 车九平八

红方出车交换，简化局势，易握先手。

⑧……　　　炮2平1

此时,如果黑方选择车1平3,则车八进七,炮8平9,车二进九,马7退8,车八退六,马8进6,双方局面平稳,易成和棋。孟特大自然不甘心弈成这样平淡的局面,临场祭出炮2平1的飞刀,对红方形成不小的考验。

⑨炮七平三

炮打7卒是符合棋理的正着。红方通过反捉黑车,保持先手。

⑨……　　　卒5进1　　⑩炮五进三　　车1平5

黑方平车应将是担心士6进5应将后,红方顺势有炮三平八拦车的手段,以下炮8平9,车二进九,马7退8,炮五平二,以后伏有炮二进一打车的手段。但是车被牵制在中路,同样存有隐患,中车如果不能尽快投入到战斗中去,在攻守进程中都将面临子力调运慢对方一步的弱点。

⑪兵五进一　　士6进5　　⑫兵三进一　　炮1进4

黑方进炮是希望通过乱战寻找反击点。如改走车5平6,则车八进七,马3进5,炮三平五,车6平5,车八退六,车5平6,车二进四,红方子力占位好,黑方子力受限,红优。

⑬车二进四(图77)

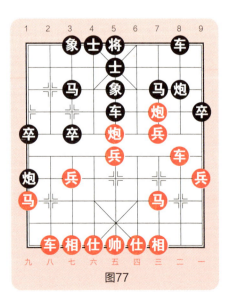

图77

职业棋手不打无准备之仗。当前这个布局双方棋手肯定都是有所准备的,但准备的精研深度和方向肯定又有所不同。从当前局面可以看出来,张欣大师的策略是稳中求胜,孟辰特大的策略则是乱中求胜。红方进巡河车占据的位置很好,但是在当前局面下积极性有所欠缺。此时红方更积极的选择是车八进三,以下炮1退1,车八进一,炮8平9,车二进九，马7退8，炮三进二，马8进6，相七进五，红方子力占位靠前，并伏有炮三平一以后攻击黑方侧翼的机会，较实战更积极。

⑬……　　　炮8平9　　⑭仕六进五　车8进5
⑮马三进二　炮9进4

黑方再打一兵，捞到物质上的实惠，并且为外线作战创造条件。

⑯车八进二　炮9退2　　⑰车八平二　炮9平5
⑱兵五进一　车5进1

换掉中炮并且消灭中兵，黑方棋形有豁然开朗的感觉。

⑲马二进四　马7进5　　⑳炮三平四　马3进4

前半程是黑方子力受制于红方，换炮以后变成红方子力要主动纠缠黑方，以遏制黑方的反击。双方攻守亦是由此易手。

㉑车二平四　马4进5　　㉒相三进五

红方不宜马四退五直接交换，否则黑方顺势炮1平5占中炮，红方不利。不过红方花仕相的选择，同样存有隐患，随着实战进程的深入，就会显现出来。

㉒……　　　马5退6　　㉓兵三平四

同样是吃马，车四进三要更好一些，可能是顾忌红方少兵的这一情况，张欣大师选择用兵吃马。

㉓……　　　车5进2　　㉔车四平一　炮1平2
㉕车一进四　炮2退2　　㉖车一进三　士5退6
㉗车一退五　炮2平6　　㉘马九进八　炮6平8

平炮好棋，伏有车5平6捉炮再马5进7活马的手段。

㉙车一平二

平车拦炮不给黑方进底炮骚扰的机会。不过从这着看出来红方第22回合，相三进五的选择就不如相七进五更工整。如果当时走相七进五，现在红方完全可以走马八进七，对黑炮不予理会。

㉙……　　　炮8平9　　㉚马八进七　车5平6
㉛炮四平一　马5进7　　㉜炮一进三　象5退7
㉝仕五进六

黑方伏有炮9进5再马7进8的攻击手段，红方调整阵形也是势在必行。

㉝……　　炮9进5　　㉞仕四进五　　车6平7

寓攻于守的好棋。黑方如急于走马7进8进攻，红方正好有一步马七退五的巧手，以下车6平7，马五进四，将5进1，马四退六，将5平4，帅五平六，红方占优。

㉟马七退五　　士4进5　　㊱帅五平四　　象3进5

㊲车二平三　　车7平3

当前局面黑方多卒，但在红方的严防下，双卒无法发挥作用，双方仍是相持的局面。

㊳车三平八

平车过于消极，此时可以考虑马五进七，以下车3平6，仕五进四，车6进1，帅五平四，车6退5，马七进五，车6平5，车三进一，双方互有顾忌。

㊳……　　炮9退7　　㊴马五进七　　车3平5

㊵车八进五　　士5退4　　㊶车八退五　（图78）

从第39回合红方马五进七到第41个回合车八退五，不难看出红方犯了一个方向性的错误，导致右翼出现防守空档。红方正确的选择是，第39回合时改走马五进三，则炮9平6，马三退五，炮6平8，炮一退九，加强侧翼防守，红方足可抗衡。

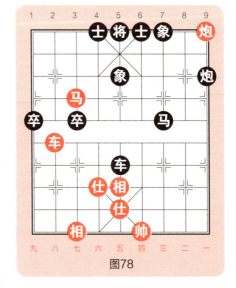

图78

㊶……　　车5退3

㊷马七退九　　车5平8

㊸马九退八

红方如车八平三，则车8进6，帅四进一，炮9平7，车三平四，炮7平6，仕五进四，士4进5，红车被牵制，黑方大优。

㊸…… 车8进6　㊹**帅四进一**　马7进6

㊺**仕五进四**　车8平5

红方投子认负。

第39局　四川 梁妍婷 负 黑龙江 王琳娜

①**炮二平五**　马8进7　②**马二进三**　车9平8

③**兵七进一**

进七兵自成一个体系，活通左马保留右车的机动性，将来一路车有可能直出、横出或缓出。

③……　卒7进1

黑方挺7卒与红方进七兵形成局部性对称，是针锋相对的一种下法。

④**马八进七**　马2进3　⑤**车一进一**

至此形成中炮横车七路马对屏风马的基本阵势。红方右车横起，是一种柔中带刚的缓攻型下法，由于其灵活多变，备受当代高手的青睐。展望前景，黑方的右翼与中路将成为红方的主攻对象。因此，黑方在制订计划时，首先要注意巩固己方防线，其次可在左翼伺机进行反击。

⑤……　象3进5

飞象固防，通畅右车，是自然的运子。

⑥**车一平四**　炮8平9

平炮不仅亮车，且可在红方选择进车卒林时，有马7进8的反击，是较为平稳的着法。

⑦马七进六

跃河口马，虎视黑方3卒，是较为传统的攻法。

⑦……　　士4进5　　⑧炮五平六　炮2进3

进炮打马，再顺势出车捉炮，这是当前局面下常用的战术手段。

⑨马六进七　车1平4　　⑩仕六进五　炮2进1

⑪车四进三（图79）

肋车巡河是20世纪90年代的老谱。现在多走相七进五，以下炮2平7，相三进一，卒7进1，炮八平七，车8进4，车九平八，炮7平1，相一进三，车4平2，车八进九，马3退2，车四进五，红方先手。

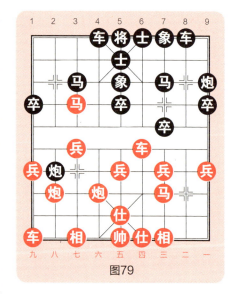

图79

⑪……　　炮2平7

⑫相三进一　卒7进1

⑬车四平三　马7进6

先送7卒再进马，次序正确。以下红方如车三平四拦马，则车8进4以后有炮9平6的反击。

⑭相七进五　车8进5　　⑮车三进二　车4进6

随着黑方双车深入红方阵地，双方形成大体均势的局面。

⑯炮八退一　车4平2

红方退炮的构思不好，不好之处在于给黑方先手捉炮的机会，并且控制红方马七进九的线路。

⑰炮八平六　车8进1　　⑱兵九进一　炮7退2

⑲马七退六

红方看到暂时没有突破的可能，先选择退马邀兑，削弱黑方左翼的进攻力量，稳健。

⑲……　　　马6进4　　⑳后炮进三　炮9进4

㉑兵七进一

面对黑方边路突破，红方不加理睬，直接冲七兵过河，正确。

㉑……　　　炮9平5　　㉒兵七进一　炮5退1

退炮为黑方左车右移创造机会。同时王特大针对红方双炮位置呆滞的弱点，制定出一个先弃后取的抢攻计划。

㉓兵七进一　车8平4　　㉔车三平五　车4退1

㉕兵七进一　车2退2

黑方退车准备掩护炮7平5，似紧实缓。黑方严厉的走法是车2平5，则马三进五，炮5进2，帅五平六，炮5退4，车九进三，炮5平4，帅六平五，炮4平8，红方少相，面对黑方车双炮的进攻是非常被动的，黑方优势很大。临场王特大可能顾忌这样的进攻过于复杂，选择了退车的下法。

㉖兵七平六（图80）

红方急于解危，露出破绽。正确的选择是马三进二（伏有马二退四，车4平2，马四进三，后车平7，车五平九简化局面的机会），则炮5进3，仕四进五，车4平8，车九平七，以后炮六退二守住底线，红方足可抗衡。

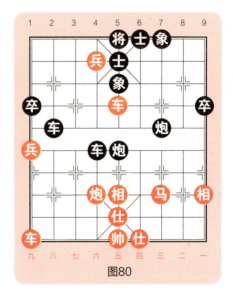

图80

㉖……　　　炮7平5

㉗车五平九　车4退4

双方行棋至此，黑方已经牢牢控制住局面。

㉘帅五平六　车4进5

㉙相一退三　车2进3　　㉚前车进三　士5退4

㉛炮六退一　车2进1

王特大抓住红方棋形上的弱点，攻击节奏紧凑，不给红方喘息之机。

㉜ 前车退四　车2平4　㉝ 帅六平五　后炮平7
㉞ 马三进四　后车平7　㉟ 相三进一　车7平6
㊱ 马四进五

红方如前车平四，则炮7进4，相一退三，炮7平9，黑方下一着沉底炮，红方同样败势。

㊱ ……　　车6平5　㊲ 马五退三　炮5进2
㊳ 仕五进六　象5进7

用中象吃红马，同时闪出中路，好棋。

㊴ 后车平六　车4平7（红方认负）

第40局　湖北 左文静 胜 北京 刘欢

① 炮二平七　象3进5

飞象消弱金钩炮的效率，同时利用红方左翼子力壅塞的问题，有针对性的快速出动右翼子力，符合棋理。

② 马二进三　马8进9　③ 车一平二　车9进1

马8进9跳边马后，黑方下一回合多选择车9平8，以后红方车一平二再车二进四时平炮兑车，缓解左翼压力。实战中刘欢特大选择类似单提马横车的结构，阵形上略显不协调。

④ 炮七平五

左文静特大敏锐地观察到这一点，立刻平中炮攻击中路，正确。

④ ……　　车9平4　⑤ 炮五进四　士4进5
⑥ 炮八平五（图81）

棋手在布局的选择时，会有一种特殊的情况出现，就是执先的一方会"浪费"一着棋，通过二次调整阵形，重新确定布局的方向。这种行棋选择业内通俗的叫法是"把先手棋当后手棋下"。显然，这样的布局思路必然会付出一定的代价，但是得到的收获是阵形更为合理也更有针对性。本局便是这样，红方先手金钩炮再调回中炮，等于是放弃了红方的自然先手。

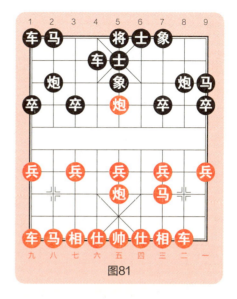

图81

⑥……　　　卒9进1　　⑦马八进七　车4进6

黑方如车4进3，准备接下来马9进8，红方可以前炮退一切断黑车与9路马的联络。以下黑方续走马2进4，则兵五进一，红方满意。

⑧车九进二　马2进4　　⑨仕四进五　车4退4

⑩炮五退一　炮2平3　　⑪车九平八　炮8平7

保留变化的选择，黑方如车1平2，则车八进七，马4退2，红方仍然会走兵五进一，红方保持主动。

⑫兵五进一　炮3进4　　⑬马七进五　车1平2

红方中路厚实，黑方如果想车4进3进行破坏，红方可车二进七捉炮，以下炮7进4，车二平四，车1平2，车八进七，马4退2，车四退一，红车占据卒林线，黑方是很不舒服的。

⑭车八进七　马4退2　　⑮前炮平四　卒3进1

⑯兵五进一　马2进3　　⑰炮四进三

黑方防守虽然没有失位，但是阵形的结构不合理，给红方创造了很多进攻的机会。现在平炮压象眼，准备运炮到黑方底线，形成天地炮的阵形，对黑方进行牵制。

⑰……　　车4平6

黑方这里如炮7退1拦炮，不让红方通过炮四平一再炮一进一沉底炮，那么红方同样可以借助中兵走到马五进四这着棋，以下车4平6，炮五进五，士5进4，炮五平三，车6退2，炮三进二，士6进5，炮三平一，红方一炮换双象后，大有攻势。

⑱炮四平一　　炮7进4　　⑲炮一进一　　马9退7

⑳车二进八

底炮对黑方的威胁很大，也是红方进攻中的重要一环，进车拦马非常必要。

⑳……　　车6进3　　㉑马五进四　　象5退3

㉒马四退二

红方先进马再退马，准备接下来马二进三，目的是让黑方7路马失去保护，这样可以确保底炮的安全。

㉒……　　车6平4（图82）

黑方平车是本局失利的根源。应走炮7退1，则马二进三，车6平7，后马进五，车7平5，马三退四，马7进5，车二进一，马5退7，黑方阵形无太大的破绽，局势尚可。

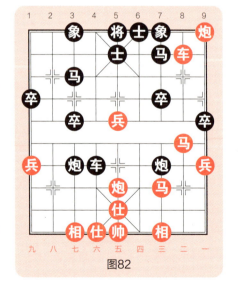

图82

㉓马二进三　　马7进5

㉔前马进五　　象3进5

㉕炮五进五　　将5平4

红方进炮打象以后，黑方防线已被彻底撕开。

㉖车二平三　　将4进1

㉗车三进一　　炮7平5　　㉘炮五退四　　炮3平5

㉙马三进五　　车4平5　　㉚炮一退一　　士5进4

㉛车三退一　　将4退1　　㉜车三平七　　马3进2

㉝ 车七退三 马2进1   ㉞ 相七进五

红方以上几个回合运车颇见功力，一番连消带打的下法，攻击黑马的同时保住中兵。

㉞ ……   将4平5   ㉟ 炮一平九 马1进2
㊱ 车七平八 马2退3   ㊲ 车八退二 马3进4
㊳ 车八进六 将5进1   ㊴ 车八退一 将5退1
㊵ 兵五平六

黑方少双象，整个九宫基本都暴露在红方车炮兵的攻击范围之内。

㊵ ……   车5平9   ㊶ 兵六进一 车9平4
㊷ 兵六平五 马4退5   ㊸ 兵五进一

随着中兵冲到位，黑方已经很难防守。

㊸ ……   将5平4   ㊹ 车八进一 将4进1
㊺ 车八平四 车4退3   ㊻ 车四退一 将4退1
㊼ 炮九平六

这是一步巧手，进一步摧毁黑方本已十分屡弱的防线。

㊼ ……   车4平5   ㊽ 兵五平六 将4平5
㊾ 车四退五 车5进1   ㊿ 炮六平七 将5进1
㈤㈠ 车四平二（黑方认负）

第三届上海杯象棋大师公开赛

由上海市体育局、上海市体育总会、上海市嘉定区人民政府共同主办的第三届上海杯象棋大师公开赛在5月13启动。本次比赛设有专业组、海外组、业余组、青少年团体组等多个组别，比赛采用线上、线下相结合的方式举办。

其中，海外组方面，来自亚洲、欧洲、北美洲和大洋洲近20个世界象棋联合会会员单位组队参赛。最终，美国象棋协会孙一鸣、彭铂包揽海外组男子冠亚军，德国象棋协会薛涵第获得海外组男子季军，新加坡象棋总会吴兰香、砂拉越象棋联合会洪千惠、越南象棋协会阮黄燕获得海外组女子前三名。

青少年团体赛由长三角地区三省一市象棋协会组队参赛，最终上海棋院队夺冠，江苏省棋类运动协会和安徽省象棋运动协会分获亚军、季军。

在重头戏专业组比赛中，邀请了全国等级分名列前茅的23名男棋手、7名女棋手，以及东道主男女各1名棋手，共32名棋手参赛。经过激烈角逐，最终专业男子组谢靖、李少庚分获冠亚军，专业女子组梁妍婷、陈幸琳分获冠亚军。

第41局　河北 陆伟韬 负 北京 蒋川

①炮二平五　马8进7　②马二进三　车9平8
③车一平二　马2进3　④马八进九　卒3进1

黑方抢挺3卒，是出于战略的考虑，以便把棋局引入自己熟悉的局面中。

⑤炮八平六　马3进2（图83）

进马封车是一路较为冷僻的选择。常见的走法是炮8进2，利用8路炮的掩护作用，达到封车的目的。以下车二进四，象3进5，兵七进一，卒3进1，车二平七，马3进2，车七进二，卒7进1，黑方易走。有些初、中级爱好者对当前局面稍有误解，认为马3进2是一步"生搬硬套"的应法，其实这种认识是不对的。正确的理解是第5回合中红方不走炮八平六，而先走兵三进一，

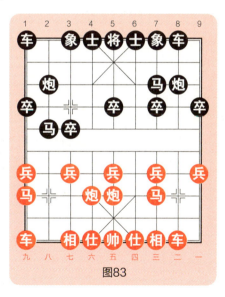

图83

则卒1进1，炮八平六后，黑方如果此时再选马3进2封车，红方三路兵挺起来，以后可以发挥重要的作用，甚至有再走兵三进一弃兵的战术，黑方将要受到打击。实战的局面中，红方没有兵三进一，黑方也没有走卒1进1，双方省略了这一回合，棋局形势就大有不同了。

⑥车二进六　车1进1　⑦炮六进三

破局之着，打破黑方对八路线的封锁，中局常用的战术手段。

⑦……　　马2退3　⑧炮六退一

退一步炮是红方最理想的选择，以后发挥巡河炮的牵制力。

⑧……　　炮2平1

由于红方巡河炮的存在，黑方就不能再走马3进2了，否则炮六平三，象7进5（马2退3，车九平八，卒7进1，炮三平五，马3退5，车八进六，红优），炮三进三，炮2平7，炮五进四，士6进5，车九平八，红优。

⑨车九平八　车1平4　⑩炮六平五　象7进5

⑪车八进七

进车捉马积极！2019年连泽特大师对阵蒋川特大时，连大师此时的选择是前炮平三，则马3进4，车八进七，车4平6，炮三进三，马4进6，马三退五，车6进1，马五进七，马6进5，相七进五，车6平7，蒋特大利用先弃后取的战术获得优势，最终战胜了连泽特大师。

⑪……　　马3进4　⑫兵三进一　车4平6

⑬前炮平六

红方平炮顶马，准备下一着炮五平六，先手调形。

⑬……　　士6进5　⑭炮五平六　炮8平9

⑮车二平三　马4进6　⑯马三进四　车6进4

⑰前炮退一

红方退炮保留子力和更多变化的可能，否则双方再次交换以后，局面平淡。

⑰……　　马7退6　⑱车八退一　马6进7

⑲仕六进五　卒1进1　⑳车八退一　马7退6

㉑车八退四

临场红方主动变着，放弃车八退一，马6进7，车八进一，马7退6这种循环不变的着法，退车至兵林线，稍显保守。

㉑……　　马6进7　　㉒马九退七

退马给前炮生根，做好坚守的准备，同时保留后炮平九的机会，保持灵活性。

㉒……　　车8进4

黑方高车巡河，准备车8平5捉中兵。

㉓相七进五　　车8平5　　㉔车八进四　　马7退6

㉕车八退一　　马6进7　　㉖兵三进一　　车5进2

㉗兵三平二（图84）

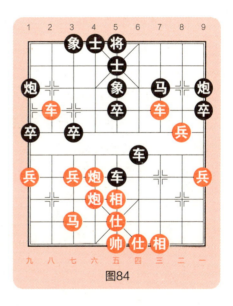

图84

棋手的思维是随着形势判断的变化而不断调整的。在充分思考的情况下，高水平棋手会及时审视自己下一步的行棋方案，而在时间紧张的情况下，再高水平的棋手也只能依据形势判断做出直觉上的反应。本局陆伟韬特大就是受时间的压力，无法进行深度计算。他认为红方此时是处于防御的一方，在这样的情况下，保持阵形厚度要比深入敌阵进行小范围的反击更安全。临场陆特大放弃前炮进五这个更为积极的走法，选择了平兵。其实，前炮进五的走法对红方更为有利，以下炮9退2，车八进一，车6退3，后炮进四，红方通过骚扰、渗透把黑方处于进攻位置的子力逼回去防守，这样的局面较实战着法要更积极一些。

㉗……　　炮9退2　　㉘车八进一　　车6退3

㉙车三平二　　炮9平7

针对红方双相联络的特点，黑方平炮先瞄住底相，准备发起进攻。

㉚车二进一　　车5平7　　㉛前炮进五　　车6进6

㉜相三进一　　马7进6　　㉝前炮平八

现在红方选择与黑方对攻为时已晚，不如后炮进一先防守一着更实在。

㉝……　　车7平3　　㉞炮八平七　车3平8

㉟车二进二

红方进车粘住黑炮，延缓黑方攻势，这已是红方能走出的最强应着。

㉟……　　马6退7　　㊱车二平一　炮1进4

㊲马七进八

红方不能车八退四兑车，否则车8平2，马七进八，炮1平9，兵二平一，卒9进1，车一退四，炮9平8，黑方胜势。

㊲……　　马7进8　　㊳炮六平七　车6退8

㊴车一退三　炮7进2　　㊵车八进一　马8进6

以上几个回合黑方行棋着法十分精准，随着黑马跳到骑河线捉相，已看到胜利的曙光。

㊶相一退三　炮7进2　　㊷前炮平六　车8平3

㊸马八退九　马6进8　　㊹车一平五　马8进7

㊺帅五平六　车6进9

黑方弃车精妙！红方如续走帅六进一，则车3平4，炮七平六，马7退6，黑方胜定。至此，红方投子认负。

第42局　上海 谢靖 胜 四川 李少庚

本届比赛决赛的第1局双方激战成和，换先后双方进行快棋的争夺。

① 炮二平五　马8进7　　② 兵三进一　卒3进1

按一般常理来讲，这步棋黑方可走车9平8，再炮8平9亮车。但对这局棋而言，李少庚大师也做了一些准备，故选择卒3进1，接受后续走成中炮进三兵对挺3卒的布局体系。

③ 马二进三　车9平8　　④ 车一平二　马2进3

⑤ 马八进九　卒1进1

挺边卒制马，准备边线出车。

⑥ 炮八平七

五七炮进三兵布局是谢靖特级大师比较喜欢的布局套路，执先手时曾多次以此来和众多强手争雄，已是驾轻就熟。

⑥……　　　马3进2

进马封车是黑方常见的选择，但这正是红方的布局意图，待黑方走出外马封车后，削弱其中防力量。

⑦ 车九进一　车1进3

进卒林车，保护中卒，为以后红方车二进六时，炮8平9兑车创造条件。

⑧ 车九平六　象3进5

黑方飞右象属"柔性防御"，其意图是暂不打开局面，待机而动。

⑨ 马三进四　马2进1

马踩边兵，意在打乱红方的子力部署。

⑩ 车二进六　士6进5

⑪ 炮七平八（图85）

平炮这着棋最早在业余赛场上比较常见，意图是控制黑方车1平2的反击。当时布局理论认为红方炮八平七再炮七平八只是单纯为了防守，影响布局节奏，

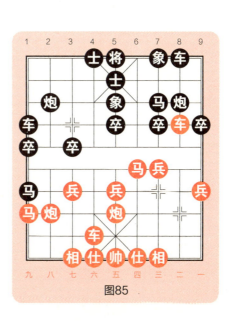

图85

所以这着棋出现后,并未引起太多的关注。在此局面下,红方主流的走法是炮七退一,以下车1平2,车六进三,炮8平9,车二平三,炮9进4,兵三进一,车8进5,马四退三,炮9平7,相三进一,车8平6,双方互缠。

⑪……　　　炮8平9

这个局面对李少庚大师来讲并不陌生,在2017年全国象棋个人赛上,后手应对郝继超特大时,李大师曾走卒3进1,主要意图是改善边马的位置,以下兵七进一,马1退3,炮八平七,马3进5,车六进二,马5退6,车二退三,双方大体均势。不过,面对布局稳健、技术全面的谢靖特大,李少庚大师不愿轻易冒险,选择了平炮兑车这种主流变化。

⑫ 车二平三　炮9退1　⑬ 兵三进一

先进三兵是一步威胁,让黑方不得不紧急应对无暇他顾。

⑬……　　　炮9平7　⑭ 车三平四　炮7进3

⑮ 车四进二

实战中,谢特大祭出飞刀,放弃常见的车六进七的下法,而是改变行棋次序,先进四路车塞住象眼,下伏马四进三捉象的先手。

⑮……　　　炮7平6　⑯ 车六进七

先进车,再马四进六攻象,次序井然。

⑯……　　　车8进5　⑰ 马四进六　车8平4

⑱ 车六平八　车1平4

黑方后车拦马,抢一个先手。这种变化和先走车4退1吃马殊途同归。如先走车4退1,则车八退一,车1平4,仕六进五,后车退1,车八平六,车4退2,车四平三,象5退3,车三进一,与实战着法基本相同。

⑲ 车八退一　后车进1　⑳ 仕六进五　车4退2

㉑ 车八平六　车4退3　㉒ 车四平三

红方利用兑子战术,获得一步捉马的先手。

㉒……　　　象5退3

黑马要守护中卒,不能"擅离职守",只好退象保马。

㉓ 车三进一 士5退6   ㉔ 车三退一 士6进5

㉕ 兵五进一

利用黑方中路防守偏弱的特点,冲中兵打开局面,这是红方唯一的进攻手段。

㉕ ……   炮6平7

平炮打车忽略了红方炮五进四的巧手,导致局面陷入被动。黑方应炮6进2,以下兵五进一,卒5进1,车三进一,炮6退6,炮五平二,卒5进1,黑方足可抗衡。

㉖ 炮五进四 将5平6(图86)

黑方出将败着,应走马7进5,则车三进一,士5退6,车三退三,士4进5,兵五进一,车4平3,炮八平二,车4平8,炮二平四,车8平7,黑方局势尚可。出将以后将位不安,失去有效的保护,被红方利用。

㉗ 炮五平三 车4进1

㉘ 车三进一 将6进1

㉙ 炮八平四

红方这几着棋可谓是妙手连连!弃炮后,红方中兵过河已经对黑将构成不小的威胁。

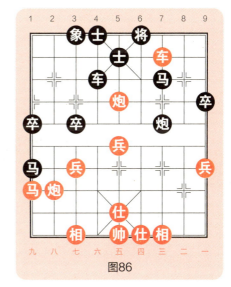

图86

㉙ ……   车4平7   ㉚ 兵五进一 炮7进2

㉛ 兵五平四 炮7平6   ㉜ 相七进五

除1路马外,黑方其余的车、马、炮三子均已受牵,红方大优。

㉜ ……   车7进3   ㉝ 兵四平三 马7进6

㉞ 炮四进三

得回失子后,红方的进攻更加顺风顺水。

㉞……　　　　士5进4　　㉟车三退三　卒9进1
㊱车三平四　将6平5　　㊲车四平五　将5平6
㊳车五退三

退车牵制车炮，黑方虽然一时不至于失子，但是子力位置太差，对红方的攻势基本失去抵抗能力。

㊳……　　　　士4进5　　㊴兵三进一　将6退1
㊵兵七进一　卒1进1　　㊶兵七进一

此时的局面，红方积累的优势已经非常大了。

㊶……　　　　马1进3　　㊷车五平七　卒1进1
㊸马九退七　车7退2　　㊹炮四平六

黑方必失一子，投子认负。这样，谢靖特大最终以一胜一和的成绩获得本次比赛的冠军。

第43局　四川 梁妍婷 胜 广东 陈幸琳

这是本届上海杯女子组决赛的慢棋较量。

①炮二平五　马8进7　　②兵三进一　车9平8
③马二进三　炮8平9　　④马八进七　卒3进1

局面至此，形成中炮进三兵对三步虎的阵式。黑方挺卒制马活通右翼子力，并阻止红方再进七兵走成"两头蛇"阵式，是以"防守反击"为主导思想而实施的着法。

⑤炮八进四

红方伸炮过河，准备打卒压马扩大先手。

⑤……　　　　马2进3

面对红方稳健有力的五八炮攻法，黑方跳正马是有效的对抗着法，它可以根据红方的炮位而选择飞象的方向。此时也有象7进5飞左象的下法，但因其步伐缓慢，红方可立即马三进四发动快攻，以下黑方如车8进4，则兵三进一！车8平7，车一平二，士4进5，车九进一，红方得势。

⑥炮八平七　车1平2　　⑦车九平八　象3进5

黑方飞右象，避免红炮威胁，正着。如改走象7进5（七路红炮正威胁底象，将来恐有不利），以下马三进四，炮2进2，车八进四，红方较有利。

⑧马三进四

红方右马盘河，老谱翻新的着法。现在流行的是车八进六左车过河，或者车八进四左车巡河这两种走法，马三进四近年来出现频率不高。

⑧……　　　　车8进4

进车巡河是非常直观的下法，防止红方马四进六捉马，保护己方的阵形结构。

⑨车一进一（图87）

红方既然选择老谱翻新的走法，就一定要有"新"意在里面。这着车一进一就是梁大师的心得。以往红方通过兵三进一弃兵，以下车8平7，车一平二，解决右车的出路问题。现在红方不送兵，直接出动横车，以后车一平六配合四路马，更简明高效。

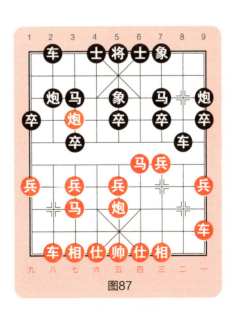

图87

⑨……　　　　炮2进4
⑩车一平六　车2进3

陈特大先进炮封车为后车捉炮腾开位置，其主要的作战思路是认为右翼子力不通畅将来会成为红方打击的方向。

⑪炮七平三　车2进1　　⑫车八进一　士6进5

上一着红方没有选择车六进六捉马，给了黑方松口气的机会，补士以后，双方大体均势。

⑬车六平二　车8平6　　⑭马四退三　车6退1

⑮马三进二　卒3进1

陈特大准备弃卒后，实施双车占肋夺仕的计划，弃子抢攻。

⑯兵七进一　车2平6　　⑰车八进二　前车进5

⑱帅五进一　前车退5（图88）

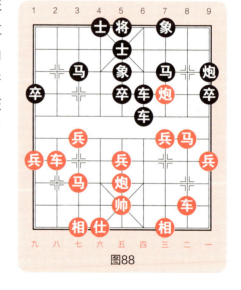

图88

破仕以后，黑方没有后续进攻手段，除双车外，其他子力位置靠后，无法实现火力延伸。由此可见，黑方弃子抢攻的时机并不成熟。回过头来看，问题应该出在第15回合卒3进1上，当时黑方可以考虑稳步推进的战略，选择炮9平8，以下车二平三，车6进2，炮五平一，卒5进1，相三进五，卒5进1，兵五进一，车6平5，双方对峙。

⑲炮五平二　卒9进1

⑳兵五进一　前车进1　　㉑相三进五　前车平5

㉒车二平四

红方子力部署完成后，平车邀兑，消除黑方反攻的可能，老练。

㉒……　　　车6进5　　㉓帅五平四　车5平6

㉔帅四平五　卒5进1　　㉕兵七进一　卒5进1

㉖兵七进一　马3进5　　㉗兵七平六　马5进4

㉘马七进六　卒5平4

这一段着法，红方行棋非常稳健，目标也很明确，就是不给黑方制造反攻的机会，为后续的放手进攻消除隐患。

㉙ 炮三平九　车6进2　㉚ 炮二平三　马7进6

㉛ 兵三进一　马6退4　㉜ 车八平四

逼兑黑车后，红方可以充分发挥多子之利。

㉜ ……　　车6退1　㉝ 马二退四　卒4平5

㉞ 马四进五　炮9进4　㉟ 马五进七　马4退6

㊱ 兵三平四

红方形成双炮马兵的攻击集团，黑方陷入苦战。

㊱ ……　　象5退3　㊲ 相五进三　炮9平3

黑方平炮策应右翼的防守，除此之外也别无他法。

㊳ 炮三平四　卒5平6　㊴ 炮四平七　象7进5

㊵ 炮九进三　炮3进3　㊶ 马七进五

红方丢个相无足轻重，但黑方此时丢象无疑是雪上加霜。

㊶ ……　　马6进8　㊷ 相三退五　炮3退1

㊸ 兵四进一　将5平6　㊹ 炮七进四　将6进1

㊺ 马五退三　将6退1　㊻ 马三进二　马8退7

㊼ 炮九退一

黑方再失一子，投子认负。

"仙人指路杯"象棋大师邀请赛

"仙人指路"是象棋的一种开局着法,古称"兵局",指的是起手第一着走兵三进一。因一子当先,而意向莫测。"仙人指路杯"全国象棋大师邀请赛以固定开局进行,是目前唯一指定开局的全国性象棋比赛,体现了深圳在举办象棋赛事方面的创新精神。

参加比赛的16名男子棋手包括象棋特级大师赵鑫鑫、蒋川、洪智、申鹏、孟辰、许国义,象棋大师李少庚、曹岩磊、黄竹风、武俊强、李翰林、刘明、万科、张彬、宋炫毅、尹昇。

女子方面,参赛选手包括象棋特级大师陈丽淳以及象棋大师吴可欣、沈思凡、张婷婷、唐思楠、李沁、王子涵、刘钰。

最终男子组决赛蒋川力克孟辰夺冠,李翰林击败申鹏获季军。女子组陈丽淳以绝对优势夺冠,沈思凡、张婷婷分获亚军和季军。

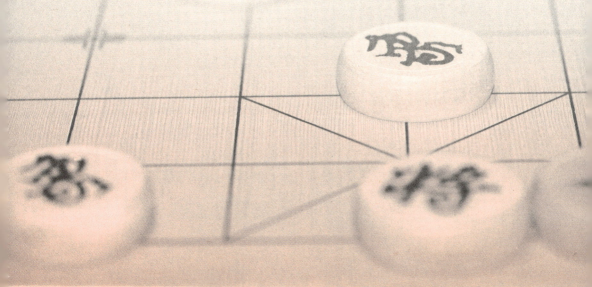

第44局　河北 申鹏 负 山东 李翰林

本局是争夺三、四名的一盘慢棋。

① 兵七进一　炮8平5

以还架中炮对抗"仙人指路"是一种强硬的应法,其作战意图是以攻代守。同样是平炮,为什么不走炮2平5呢?因为如平2路炮,黑右马若正出,将始终被红方七路兵所克制,若屯边则明显阵形失调。

② 炮二平五

架中炮后演化成顺炮红方先挺七兵的布局。从理论上讲,红方虽然多走了一步兵,但导致右车晚出,所以并不便宜。

②……　　马8进7　　③ 马二进三　车9平8
④ 马八进七

进正马是红方的必走之着,如改走车一进一,则车8进4,红方亦无便宜。

④……　　车8进5　　⑤ 炮五平四

面对黑方骑河车的骚扰,红方平炮仕角,准备调整阵形,虽然从布局的有效步数来讲,红方亏了一步棋,但是从实际效果来看,红方并没有明显吃亏。首先七路兵不让黑方毫无代价的吃去,如相七进九保护,这个边相位置欠佳,拖慢红方的布局节奏,而若选择兵五进一又似有虚浮之感。两害相权择其轻,红方炮五平四的构思也就浮现出来。

⑤……　　马2进1

黑方进边马加快大子的出动,正着!如改走车8平3,则相七进五，车3退1，车一平二，马2进3，车二进六，卒7进1，炮八进二，红方子力灵活，稍好。

⑥ 相三进五　炮2平3　　⑦ 车九平八（图89）

先出车准备配合八路炮对黑方右翼进行封锁。实战中还有兵三进一的选择，以下车8退1，车一平二，车8进5，马三退二，车1平2，车九平八，车2进4，马二进三，卒7进1，兵三进一，车2平7，马三进四，卒3进1，黑方主动。

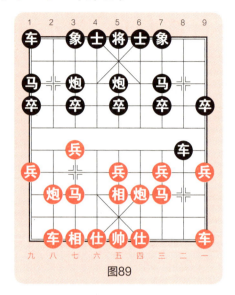

图89

⑦ ……　　　车1平2
⑧ 炮八进四　卒3进1
⑨ 兵七进一　车8退1
⑩ 兵七平八　车8平6
⑪ 仕四进五　卒7进1

布局阶段结束，红方保留过河兵，但是三路马较弱，黑方右翼子力被封锁，但是左翼子力占位好，两相比较，双方大体均势。

⑫ 车一平二

红方出车准备解决三路马的问题，补齐阵形中的短板。

⑫ ……　　　车2进1　　⑬ 车二进四　马1进3
⑭ 兵三进一　车2平4

临场李翰林大师用了三着棋，终于跳出了红方的封锁线。

⑮ 兵三进一　车6平7　　⑯ 马三进四　炮3进5

黑方交换是正确的选择，希望能够破坏红方四路线上的马炮结构。

⑰ 马四进五　马7进5　　⑱ 炮八平五　士6进5
⑲ 兵八平七

红方只能平兵拦马，如炮四平七吃炮，则马3进4捉双，黑方大优。

⑲……　　　炮3平6　　⑳兵七进一　炮6退4

㉑车二平四

黑方退炮给了红方透松局面的机会，红方立即平车占肋，机警！

㉑……　　　炮6退3　　㉒兵五进一　车4进4

㉓车八进六　车7平3　　㉔车八平九

申鹏特大抓住局面透松的机会，抓紧捞取实惠，双方又回到一个均势的局面。

㉔……　　　炮6进4　　㉕兵七进一　将5平6

黑方急于摆脱红中炮的控制，险酿危机。还是应改走炮6退4守在底线，以下炮五平七，象3进1，炮七平五，车3退2，炮五退一，象1退3，双方均势。

㉖炮五平七

临场申鹏特大意识到黑方出将的问题，选择平炮攻象，但是攻击的方向出现差错。红方此时应车四平三攻击左象，黑方如炮6平7拦截，则炮五退一切断。如象7进9，红方同样可以炮五退一切断，以下炮6退2，车三平二，红方大优。如果黑方认亏走将6平5，红方仍走炮五退一切断，以下炮6退4，兵七平六，车4退3，车三进五，车4进4，车九平四，红方大优。

㉖……　　　象3进1

㉗炮七平二　炮6退2

㉘炮二进三　象7进9

㉙车四平二（图90）

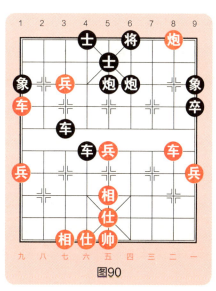

图90

红方肋车离线很不明智，肋车对黑方6路炮有牵制作用，间接控制黑方将门，这个车是不能轻易离开的，应改走车九平二，则车3平7，炮二平一，车4进3，车二进三，将6进1，车二退一，将6退1，车二退六，黑方将位不安，红方优势。但这个优势如和第 26 回合选择车四平三后的优势相比，则显然缩水了很多。

㉙……　车 4 进 3　㉚车九平五　炮 6 平 3
㉛相七进九　象 1 退 3

黑方等于白赚了红方的过河兵，非常满意。

㉜车五平四　将 6 平 5　㉝炮二平一

对攻的要点在于速度，谁能在攻击速度上领先一步，谁就有局面主导权。红方此时平边炮似快实慢，应先走帅五平四，则炮 5 平 6，车四平三，象 3 进 5，炮二平一，红方速度要更快。

㉝……　炮 5 进 5　㉞仕五进六

此时不能帅五平四，否则炮 3 平 6 迎头一将，红势立溃。

㉞……　士 5 进 6　㉟车四进一　车 3 平 7

黑方先弃士解危，再平车准备利用平顶冠杀势，完成最后一击。

㊱车二进五　将 5 进 1　㊲车二退一　将 5 退 1
㊳车二进一　将 5 进 1　㊴相九进七　炮 5 退 1
㊵炮一平六　炮 3 平 4

黑方顺势平炮叫杀，简明有力。

㊶车二退六　车 7 进 5　㊷车四退七　车 7 退 1（红方认负）

第 45 局　北京 蒋川 胜 四川 孟辰

本届比赛中蒋川特大与孟辰特大会师决赛，双方慢棋弈和，加赛两盘快棋又先后战平，本局是双方加赛的第 3 局。

①兵七进一　炮 2 平 3　②相七进五

红方飞左相，避开3路炮的潜在威胁。

② ……　　马2进1

黑方立即跳马屯边，尽快亮出右车，反应迅速，符合逻辑。

③ 兵三进一　车1平2　　④ 马八进六　车2进4

双方第2局时弈到这个局面，当时孟辰特大的选择是象7进5，以下马二进三，车2进4，马三进四，车2平6，炮八进二，马8进7，双方大体均势。考虑到第2局双方激战成和，本局黑方有意求变，选择攻守更加平衡的车2进4升车巡河的下法。

⑤ 马二进三　炮8平4

黑方左炮过宫，针对红方的拐角马进行牵制。

⑥ 车一进一　马8进7　　⑦ 马三进二　象7进5

⑧ 车九平八　车9进1

在2021年全国象棋团体赛上，洪智特大对阵陆伟韬特大的时候，双方走过一个类似的局面，当时红方的选择是车一平二出直车稳步推进，黑方9路车没动，选择卒1进1活通边马，形成典型的阵地战风格，最终双方弈和。而本盘棋双方都选择起横车，着法要更尖锐，局面压力扑面而来。

⑨ 马二进三　车9平6

⑩ 炮八平九　车2平8（图91）

本局孟特大战意十足，有意把局面导向复杂。稳健的选择是卒1进1，以下车八进五，马1进2，马六进四，马2进3，马四进五，马3进1，炮二平九，车6进5，双方兑掉两个大子，局面要平淡一些，并且黑方还有车6平5吃中兵控制兵林线的机会，黑方满意。

⑪ 兵九进一　上6进5

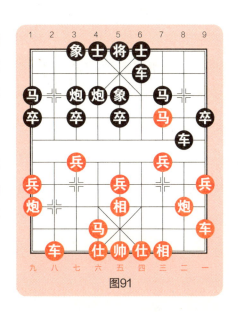

图91

⑫ 炮二平三　　车6进5　　⑬ 炮九进一　　车6退2

当前局面下，黑方除双车以外，双炮和双马的位置都欠佳，这是非常难受的。下一步黑方的作战要以如何活通子力和发挥双炮的遥控作用为焦点。

⑭ 兵一进一　　卒1进1　　⑮ 炮九进二　　车8进2

车8进2和车6进2是有区别的，相对而言车6进2要更严谨。黑方车8进2，则兵一进一，车6平4，马六进四，红马可轻易逃走。而如车6进2，则兵一进一时，黑方可车8平4，红方只好马四进二，自行拦挡了车路。

⑯ 兵一进一　　车6平4　　⑰ 车八进一

红方不愿过早放弃中兵，其实可以马六进四，以下车8平5，兵一进一，车4平2，车八进五，马1进2，兵一平二，红方优势。

⑰ ……　　　　车8平7　　⑱ 炮三平二　　车7平8

⑲ 炮二平三　　车8平7　　⑳ 炮三平二　　炮4进1

㉑ 马三进一

经过一盘慢棋和两盘快棋的较量，双方棋手的精力和体力都有不同程度的透支，从而导致计算能力明显下降。如果这是一盘慢棋，蒋川特大一定会发现此时有一个马三进五先弃后取的变化，但受时间、心理和精力等因素的影响，实战中蒋特大选择了马三进一这个最安全的下法。

㉑ ……　　　　炮3退1

㉒ 兵一进一　　车7平8

㉓ 炮二平三　　马7进9

㉔ 马一退三　　炮4平7

㉕ 炮三进四　　马9退8

㉖ 炮三进一　　马8进6（图92）

局面简化之后，我们会发现

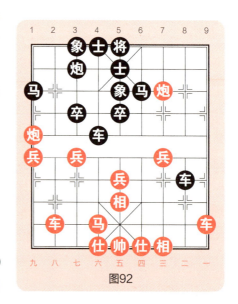

图92

黑方形势已经落后不少，红方无论是子力位置还是物质力量上都有不小的优势。黑方是哪里出了问题呢？其实在第24回合时，黑方因急于交换被红方乘机扩先。黑方当时不应走炮4平7，而应该改走车8退3，以下马三退四，车4进1捉马，红方如车一平四保马，则车8平6，黑优。红方如不想接受这样的局面，只能炮九进一先弃后取，以下炮4平1，兵九进一，车4平6，兵九进一，士5退6！兵九进一，炮3平9，车一平三，车6进1，炮三平四，象3进1，黑方守和不难。

㉗ 车一进五　　车8退4　　㉘ 炮三退一　　车8进4
㉙ 炮三进一　　车8退4　　㉚ 炮三退一　　车8进4
㉛ 炮三进一　　车8退4　　㉜ 炮三退一　　车8进4
㉝ 炮三进一　　车8退4　　㉞ 炮三退一　　车8进4
㉟ 炮三进一　　车8退4　　㊱ 炮三退一　　车8进4
㊲ 炮三进一　　车8退4　　㊳ 炮三退一　　车8进4
㊴ 炮三进一　　车8退4　　㊵ 炮三退一　　车8进4
㊶ 炮三进一　　车8退4　　㊷ 车一平三

双方有意重复几个循环着法，来增加一些比赛用时，这是快棋战术中常用的手段。现在红方主动变着，平车保炮，显示出赢得本局的信心。

㊷ ……　　车4进2
㊸ 兵三进一　　马6进5

孟辰特大也不甘心苦守，跃马寻找战机。

㊹ 兵三平四　　马5进3
㊺ 仕六进五　　士5进6（图93）

其实红方已经给过黑方机会，此时孟特大应马3退1交换为宜，否则红方九路炮一直有炮九进一威胁中卒或者炮九平一左炮右移的手段，这对黑方是不利的。

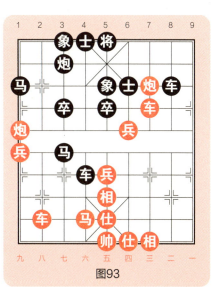

图93

㊻ 马六进八　马3进2　㊼ 车八进一　车4平5

㊽ 炮九进一

面对黑方的反扑，红方选择了最为省时、省力的下法，用弱马换掉黑方活马，以后可以更好地发挥多兵的优势，步步为营，稳步推进。

㊽ ……　车5平6　㊾ 兵四进一　卒5进1

㊿ 车八进六

红方进车，不给黑方炮3平7的机会。

㊿ ……　卒5进1　(51) 兵四平五　卒5进1

(52) 兵五进一

红方见时机已经成熟，果断中兵破象，打开突破口。

(52) ……　卒5进1　(53) 相三进五　车6平5

黑方不能象3进5，否则炮三平五，黑方速溃。

(54) 车三平五　车8进4　(55) 兵五平四　炮3平5

(56) 炮三平九　卒3进1　(57) 车五退三　车8平5

(58) 炮九进二

红方多子多兵，胜势已成。

(58) ……　炮5进6　(59) 仕五进六　炮5平7

(60) 仕四进五　车5平8　(61) 帅五平六　炮7退1

(62) 仕五进四（黑方认负）